Dr Robert Larsonneur
Enseignant certifié en PNL

Formation
PNL

Programmation Neuro-Linguistique

Niveau III

Réparer son passé avec la PNL

Les techniques régressives
Changer les croyances néfastes

Le hasard ne favorise que les esprits préparés
Pasteur

« *Réparer son passé pour donner toutes ses chances à son avenir* ».

Titre : Formation PNL Niveau III - Réparer son passé avec la PNL.

Sous-titre : Les techniques régressives - Changer les croyances néfastes.

Le hasard ne favorise que les esprits préparés
Pasteur

ISBN : 978-2-9592569-5-0

*À Noémie et à Wendy qui éblouissent
chacune de mes journées.*

*J'ai refermé sur toi mes bras,
Et tant je t'aime que j'en tremble.*
Louis Aragon.

*À Éléna, Joséphine, Basile et Matt qui
réchauffent mon cœur.*

Pour compléter cet ouvrage.
Rendez-vous sur **ma chaîne YouTube** :

Des centaines de vidéos sur la PNL, l'Hypnose...
Un lexique vidéo de la PNL...

~

Du même auteur

(voir informations en fin de cet ouvrage)

Autoformation en HYPNOSE et AUTOFORMATION :

~

MINCIR et **RESTER MINCE** avec
l'HYPNOSE, l'AUTOHYPNOSE, la PNL
et la NUTRITION CELLULAIRE

SOMMAIRE

INTRODUCTION À LA PNL (P. 27).

La relation humaine.
Le changement.
Le développement de soi.

Les concepteurs.

Programmation.
Neuro.
Linguistique.

La modélisation naturelle.
La modélisation est à l'origine de la PNL.
Des experts comme modèles.

~

~

CHANGEMENT DE CROYANCE AVEC LES TECHNIQUES <u>NON</u> RÉGRESSIVES (P. 151).

~

Avant-propos.

*Ce n'est pas l'événement qui nous perturbe,
mais l'idée que nous nous en faisons.*
Aristote

~

L'avenir est un long passé.
Manau

Ce manuel a été écrit comme un cours.
Il expose les techniques sous forme de démonstrations commentées.
Il donne une multitude d'exemples concrets et réels pour les illustrer.

Chaque exposé est suivi de questions posées par mes stagiaires.

Je veux partager avec vous chères lectrices et chers lecteurs tout ce que j'ai pu apprendre et enseigner.

~

Un survol général sur la PNL pour ceux qui liront ce livre sans passer par les niveaux I et II.

~

Mon but, vous donner les outils afin que vous puissiez vous **autoformer** à cette merveilleuse discipline qu'est la programmation neuro-linguistique (PNL) et de vous permettre de l'utiliser pour vous-même et par vous-même dans le cadre de l'autoprogrammation neuro-linguistique.

Les prestidigitateurs ne dévoilent pas leurs secrets, je vais vous dévoiler les miens.

Vous y découvrirez toutes mes formules... des subtilités de langage comme parler à l'inconscient d'une façon tout en disant le contraire au conscient... avec la même phrase.

Nulle discipline n'est une île, en elle-même.
Ce manuel relie également la PNL aux neurosciences et aux disciplines qui l'ont influencée.

Cet ouvrage saura captiver tant le débutant désireux d'apprendre que le spécialiste, qu'il soit novice ou expérimenté, souhaitant s'informer davantage.

Vous y découvrirez également de nombreuses références scientifiques et philosophiques qui vous permettront d'approfondir votre compréhension de la PNL.

Docteur Robert Larsonneur

~

Introduction.

Le passé n'est plus, le futur n'est pas encore... seul le présent est là.
Et pourtant ! le passé et le futur influencent l'instant présent, le premier au travers de nos ressources et de nos traumatismes, le second par l'espoir, l'inquiétude et l'anxiété.

> *L'avenir à chaque instant presse*
> *le présent d'être un souvenir.*
> Louis Aragon

Tous les événements de notre passé donnent naissance à des <u>croyances, des opinions</u>.
Certaines d'entre elles nous aident, nous font avancer, d'autres à l'inverse nous limitent et certaines nous empêchent de nous réaliser.
Nous agissons en fonction de nos expériences, de notre vécu ou plus exactement de la manière dont nous avons interprété les différentes situations.

Qu'est-ce qu'une technique régressive* ?
C'est une technique au cours de laquelle nous retournons mentalement dans le passé pour réévaluer un événement... et surtout pour modifier son impact dans le présent lorsque celui-ci est négatif ou à l'inverse l'intensifier lorsque celui-ci est positif. C'est en quelque sorte **un voyage (mental) dans le temps**.

Il ne s'agit pas d'effacer un souvenir, ce qui serait dommageable (refoulement), mais de proposer plusieurs versions d'un même événement.

** Le terme régressif est impropre. La personne qui retourne mentalement dans son passé ne « régresse » pas à l'âge de l'expérience.*

Les techniques régressives sont des techniques de réparation.

Elles ne doivent cependant pas nous conduire à perdre les enseignements que nous avons retirés de nos expériences, rassurez-vous, ça ne sera pas le cas, une personne qui a subi une agression se réparera, mais ne deviendra pas imprudente.

Les techniques régressives permettent <u>de changer les croyances</u> qui nous limitent ou nous gênent.

Ce ne sont pas les seules portes d'entrée du changement des croyances, ce sont néanmoins des techniques majeures de changement de croyances.

Les techniques régressives sont indissociables de la mémoire.

Nous ne pouvons retourner mentalement dans le passé que si nous nous souvenons. Nous aborderons ce sujet. Même si notre mémoire est infidèle, elle s'appuie sur une réalité. Cette réalité peut néanmoins subir une distorsion importante. Parfois, nous construisons de faux souvenirs, peu importe, un faux souvenir peut, étrangement, être aussi traumatisant, ou à l'inverse mobilisateur qu'un vrai.

Nous nous intéressons essentiellement à l'impact de cette représentation mentale.

~

Tous mes livres ont en commun la volonté d'être utiles et d'apporter deux choses fondamentales et complémentaires : le savoir et le savoir-faire.

1. Enseignant certifié en PNL.

Je suis très centré sur la pédagogie. J'ai utilisé la PNL dans mon cabinet, pour être utile à mes patients, je suis centré sur le faire.

À quoi peut bien servir une nouvelle connaissance si nous ne la comprenons pas et si nous ne la mettons pas en pratique ?

*Le savoir doit déboucher sur le savoir-faire,
c'est l'ambition de ce livre.*

2. Techniques et démonstrations très détaillées.

Les techniques sont exposées point par point sous forme de techniques/démonstrations.

Beaucoup d'exemples avec des exemples réels que vous pouvez suivre pas à pas.

3. Questions des stagiaires.

Après chaque technique, j'ai reporté les questions de certains stagiaires, elles permettent d'aller plus loin, voire d'ouvrir vers d'autres possibles. Elles sont retranscrites à quelques détails près, seuls les prénoms ont été changés.

Le maître, c'est la vie, et vous êtes toujours
en état d'apprentissage permanent.
Jiddu Krishnamurti, Philosophe indien (1895-1986).

4. Soyez votre propre coach

Dès les premiers apprentissages, vous serez surpris par tout ce que la PNL peut apporter dans votre vie quotidienne.

Au-delà des connaissances théoriques, cet ouvrage vous propose des techniques présentées sous forme de démonstrations, ainsi qu'une multitude d'exercices à réaliser par vous-même, pour votre propre développement. Vous serez rapidement en mesure d'apporter votre aide aux personnes qui vous entourent.

Savoir et savoir-faire.

5. Autoprogrammation neuro-linguistique.

Presque toutes les techniques peuvent être réalisées par soi-même : détermination d'objectif, ancrage, changement de croyances limitantes et un nombre considérable de techniques.

6. PNL enrichie par les neurosciences.

Tout en vous présentant les techniques de PNL pures, je ferai des liens entre la PNL, l'hypnose, les neurosciences, la psychologie et la philosophie... tout est lié.

Tout est relié à tout. Aucune discipline n'est une île, elles sont toutes reliées.

7. La PNL pour tous.

La PNL considérée dans ses débuts comme une thérapie brève a conquis le monde de l'entreprise, de la santé, du sport, du coaching... et la vie quotidienne, en couple, en famille, avec les amis.

8. La magie est en vous.

Chaque être humain est une merveille,
un trésor et même un miracle.
Virginia Satir Psychothérapeute (1916-1988)

De nombreux stagiaires que j'ai eu la chance de former à la programmation neuro-linguistique m'ont témoigné à quel point leur vie avait été transformée. Leurs retours soulignent l'impact positif de la PNL sur leur manière de penser et d'interagir avec le monde.

Combien de fois ai-je entendu mes étudiants me dire que la PNL était réellement magique et ont exprimé leur gratitude pour tous les changements qu'ils ont connus.

Invariablement, je leurs répondais : *« Ça n'est ni moi, ni la PNL qui sommes magiques, mais vous. Vos ressources sont extraordinaires et vous les avez mobilisées »*.

B - Vos ressources sont là... à votre portée.

Chacun d'entre nous possède des ressources exceptionnelles et accessibles.

La PNL vous donne simplement la clé et je vous aide à la tourner.

Peu de gens le croient avant d'avoir essayé et pourtant, c'est vrai.

Souvent, nos ressources cachées se manifestent dans des situations exceptionnelles... la guerre, la maladie, le sauvetage d'une personne en détresse...

Pourquoi faut-il de telles situations extrêmes pour libérer ces ressources qui sont en nous ? Je veux vous aider à les faire émerger comme un sous-marin qui fait surface.

Je vous propose tout simplement d'accéder à vos ressources, même dans les situations de la vie quotidienne. La vie est une merveille, un trésor que je vous propose de choyer, et si vous vous êtes égaré, à vous retrouver.
C'est ce que je vais vous faire découvrir dans ce livre.

C - Un manuel complet pour les débutants comme pour les experts.
Il est construit dans cet esprit, les techniques sont présentées sous forme de démonstrations commentées, avec une multitude d'exemples concrets... et réels et de nombreuses questions de stagiaires. Les personnes qui veulent se former à la PNL suivront ce livre pas à pas, celles qui sont en formation, y trouveront des informations complémentaires et des exemples commentés.

Ce livre intéressera autant le débutant que les formateurs et les enseignants en PNL.

~

Introduction à la PNL.

Avertissement.
Cette partie s'adresse au lecteur qui soit ne souhaite pas approfondir la PNL, soit la maîtrise déjà suffisamment pour ne pas passer par le niveau I (en deux tomes).

L'expert pourra passer ce chapitre ce chapitre s'il le souhaite.

Pour ceux qui souhaitent profiter pleinement de la PNL, je ne peux que recommander les livres niveau I, tome 1 et tome 2.

Nous ne ferons ici qu'un rappel succinct nécessaire pour développer les techniques.

Qu'est-ce que
La Programmation neuro-linguistique (PNL) ?

Un jour dans un restaurant, le patron (Serge) avec qui j'avais sympathisé me demande :
— Qu'est-ce que vous faites dans la vie ?
— J'enseigne la PNL.
— La PNL ?
— Oui, j'aide les gens à découvrir ce qui est vraiment important pour eux, à atteindre leurs buts, à créer de bonnes relations et à s'épanouir dans leur vie.

J'avais expliqué à Serge en quelques mots simples une discipline aussi complète et complexe que la PNL.
Ça n'est pas une définition mais cela rend bien compte de ce qu'est la PNL... Serge s'est inscrit à une formation.

~

La PNL s'intéresse à ce qui est essentiel dans notre vie : **la relation humaine**, le **changement** et **le développement permanent de soi**. Trois choses importantes qui déterminent notre vie... et qui, pourtant, ne sont pas enseignées.

La PNL apporte d'énormes bienfaits au niveau personnel, du couple, de la famille, des amis, au niveau professionnel : efficacité en thérapie (pour guérir de ses blessures), de la santé (relation thérapeutique), de l'entreprise (management), sport (coaching).

~

La relation humaine.
L'être humain est un être de relation. La relation humaine est à l'origine de nos plus grandes joies et aussi, malheureusement, de nos plus grandes tristesses.

On ne nous a jamais appris à créer de bonnes relations avec les autres et c'est fort dommage.
Nous nous sommes « débrouillés » pour apprendre au contact des adultes que nous avons côtoyés et des autres enfants. En d'autres termes, nous avons appris par modélisation.

Prendre les autres comme modèles est une excellente façon de faire, sous réserve que les modèles soient bons.

Je voudrais ici rappeler quelques notions abondamment développées dans le précédent ouvrage (Niveau I).
Voici le protocole tel que l'enseigne pour créer et maintenir une bonne relation. Bien que je l'expose point par point, il faut l'envisager de façon simultanée.

Pour créer une bonne relation, nous devons :
Mettre en place **le rapport** que nous définirons succinctement comme une relation de respect, de confiance et de sécurité psychologique et physique... cela va de soi.

Écouter vraiment avec une disposition intérieure d'intérêt et de curiosité vis-à-vis de notre interlocuteur et notamment de sa carte* du monde. Une écoute évidemment dynamique, c'est-à-dire une écoute au cours de laquelle vous envoyez des signaux de présence et d'intérêt, vous pouvez également poser des questions d'intérêt.

** La carte du monde est la représentation, l'idée que nous nous faisons du monde et qui à l'évidence diffère du monde réel.*

Développer **son sens de l'observation** de son interlocuteur, ce que nous appelons **la calibration**. Notre interlocuteur envoie infiniment plus de signaux que ce que nous l'imaginons.

Se synchroniser sur son interlocuteur, c'est-à-dire mettre l'accent sur les points communs, sur les points de convergence par la communication verbale, paraverbale et non verbale (gestuelle).

Questionner en mettant en sourdine la machine à juger que nous sommes.

~

Le changement.
Nous ne pouvons pas ne pas changer. Dès notre naissance et jusqu'à notre dernier soupir, nous changeons. Le changement qu'il soit désiré ou subi fait partie de notre vie.

Rien n'est permanent, sauf le changement.
Héraclite d'Éphèse (vers -500).

Si nous changeons de manière aléatoire, nous obtiendrons des résultats aléatoires.

La PNL organise les changements en objectif, projets et buts.

La détermination d'objectif. Un objectif est au sens de la PNL quelque chose qui dépend de nous. Un objectif pour être clair doit passer au travers d'un filtre de 6 questions et de critères de validation.

Les niveaux logiques.
Les niveaux logiques permettent d'explorer un projet, ils sont organisés en 6 niveaux hiérarchisés. Chaque niveau fait l'objet d'un questionnement spécifique. Plus nous montons dans les niveaux, plus la motivation est grande.

Le SCORE.
Avec cette technique, nous partons d'un problème qui bien évidemment a une **cause** (C), il se manifeste sous la forme d'un **symptôme** (S). Pour résoudre le problème, la personne devra définir son **objectif** (O) en utilisant ses **ressources** (R). La résolution du problème produira des **effets** (E).

Le PNLt est une technique moins simple à manier pour le néophyte.
Elle associe trois outils :
- **Les positions de perception** (le P de **PNLt**). Elles consistent à aborder le problème sous trois points de vue différents : le sien (**position 1**), celui d'une autre personne

(**position 2**), celui d'un observateur neutre (**position 3 ou position méta**).

\- **Les niveaux logiques** (le N de PNLt). Seuls les 5 premiers niveaux seront utilisés.

\- **La ligne de temps** (Lt de PNLt) : un problème peut se situer dans le passé, le présent et le futur.

~

Le développement de soi.

L'être humain contrairement aux autres animaux poursuit son développement toute sa vie.

Son cerveau à la naissance est loin d'être terminé, certaines zones ne sont pas encore connectées entre elles. Il faudra attendre l'âge d'environ 25 ans pour que les connexions soient efficientes. Néanmoins, même si la multiplication neuronale est extrêmement faible, la production de nouvelles synapses est possible toute la vie.

Pour être heureux, nous avons besoin de vivre **en harmonie avec soi-même et avec les autres**... la PNL vous y aidera.

~

La PNL, une discipline extrêmement concrète.

Elle est orientée solution et fait, à ce titre, partie **des interventions orientées solutions (IOS).**

La PNL propose une multitude d'outils qui donnent des résultats stupéfiants, avec une rapidité et une efficacité souvent déconcertante.

La structure de ces outils les rend accessibles à tous, ce qui explique pour une large part le succès de la PNL.

Mon projet est de **la rendre accessible même aux personnes qui ne suivent pas une formation.**

~

Des solutions personnalisées.

Chaque être humain est unique, une approche sera efficace avec une personne et pas avec une autre. Le PNListe digne de ce nom aidera la personne à trouver sa propre solution (nous avons des outils pour cela) et plutôt que de dire : *« Voilà ce que vous devriez faire »*, il dira : *« Selon vous comment pourriez-vous faire pour... ».*

Les gens qu'on interroge, pourvu qu'on les interroge bien, trouvent d'eux-mêmes les bonnes réponses.
Socrate.

De plus la PNL va s'intéresser aux avantages et aux inconvénients pour la personne ?

La PNL agit au niveau des comportements et non au niveau de l'identité :

Quoi que vous fassiez à une rose, elle sera toujours une rose.
Arrosez-la, donnez-lui de l'eau,
de la lumière, des sels minéraux
et elle va s'épanouir.
Privez-la, elle va se flétrir,
mais ce sera toujours une rose !

~

Nous pouvons nous épanouir ou nous flétrir ... mais nous sommes toujours nous-même.

Chacun d'entre nous a plusieurs versions possibles de lui-même.
Ce sont les événements de la vie qui vont nous orienter vers une version plutôt qu'une autre.

Vous êtes-vous déjà demandé ce qui se serait passé si tel événement **n'avait pas eu lieu** ou si un autre avait pris sa place ? Cela pourrait **changer radicalement votre chemin de vie**. Rien n'est immuable, et tout cela dépend de votre désir de changement.

Les techniques régressives vous offrent l'opportunité d'explorer ces scénarii et de reconsidérer votre parcours. Elles permettent d'accéder à des souvenirs et de modifier des représentations nuisibles, de modifier des croyances limitantes, ouvrant ainsi la voie à une transformation personnelle significative.

La résilience chez l'être humain.
L'être humain grâce à son fabuleux cerveau peut apprendre toute sa vie et **se réparer des conséquences de traumatismes vécus dans l'enfance**, c'est ce que nous allons découvrir avec les techniques régressives.

*Pour nous développer, nous avons besoin **de croire en nous**, d'un contexte favorable*
*Nous avons besoin d'être en confiance, d'être respectés, en sécurité et plus que tout, nous avons besoin **d'être aimés**.*
Virginia Satir.

~

Brève histoire de la PNL.

Les concepteurs.

Quelques noms :
Le Dr Robert S. Spitzer (Psychanalyste).
Le Dr Robert S. Spitzer (Psychanalyste) dirigeait les éditions : « science and Behavior Books ».
Il a donné sa chance à Richard Bandler qui donnait des cours de batterie à son fils.

Richard Bandler : cofondateur de la PNL.
Le Dr Robert S. Spitzer a mis Richard Bandler en relation avec le MRI et en particulier avec Virginia Satir. Richard Bandler, talentueux, créatif et travailleur se fait vite remarquer.

Le Dr John Grinder (linguiste) : cofondateur de la PNL. Professeur de linguistique, il va permettre grâce à sa position dans l'Université de Santa Cruz de créer des groupes de travail et d'expérimenter ?

Robert Dilts, Tony Robbins, David Gordon, Stephen Gilligan, Judith Delozier, Leslie Cameron... sont autant de personnes importantes à citer, elles font partie de ce que l'on appelle parfois le deuxième cercle.

Franck Pucelik, il serait le troisième cofondateur de la PNL, ce qui est controversé.

~

Le nom :
Programmation Neuro-Linguistique (PNL).

Le nom voit le jour en **voit le jour en 1976. Il a souvent été mal compris.**

Programmation.

Notre cerveau est souvent comparé à un ordinateur (et réciproquement). Notre cerveau est infiniment plus complexe qu'un ordinateur et surtout il est capable de changer ses programmes (mentaux).

Nous nous programmons nous-même et notre entourage nous programme... ainsi que la société.

Si enfant, vous avez assisté à une noyade, vous en déduirez peut-être que « *C'est dangereux de se baigner* » et du coup, vous aurez peur de vous baigner. Vous auriez pu tirer une autre conclusion comme : « *Lorsque l'on est enfant, il faut aller se baigner en présence d'un adulte* ».

Les événements importants de notre vie nous programment.

Nous sommes également programmés, à notre insu, par notre culture, notre milieu social, notre famille, par toutes les personnes qui comptent ou ont compté pour nous. Nous partageons, des opinions, des croyances, des valeurs, une façon de voir le monde...

Les techniques régressives permettent de revisiter les programmes mentaux, **comme les croyances** *qui orientent notre vie.*

On distingue trois types de programmes.
   - Des programmes comportementaux.

Certaines de nos actions et réactions sont des automatismes dont l'origine est inconsciente.
- **Des programmes émotionnels.**
Nous ne contrôlons pas toutes nos émotions... comme la peur par exemple.
- **Des programmes mentaux.**
Nos pensées sont fortement influencées, à notre insu, par notre culture, nos valeurs, nos croyances...

~

Neuro.

Nos comportements, nos émotions et nos pensées trouvent leur origine dans notre cerveau, dont l'unité de base est le neurone. Chaque fois **que nous apprenons quelque chose de nouveau**, nous formons de **nouvelles synapses**. De plus, à chaque répétition de ces apprentissages, de **nouveaux chemins neuronaux** s'agencent. Ce processus neuroplastique est essentiel : il nous permet d'apprendre, de nous adapter, de nous réparer.

Lorsqu'un enfant apprend une fable de La Fontaine, il crée de nouvelles synapses et de nouveaux chemins neuronaux.

~

Linguistique.

Linguistique pour langage.

Le langage permet de communiquer avec les autres et aussi avec soi-même, il structure notre pensée.

Rappelons que le Dr John Grinder (cofondateur de la PNL) était linguiste. La PNL a été très influencée par le Docteur **Milton Erickson** qui selon le Dr Grégory Bateson était le **Mozart de la communication**... il jouait avec les mots.

~

Les modèles et le concept de modélisation.

Des personnes font des choses de manière
extraordinaire... comment font-elles ?
Prenons-les comme modèles.

~

La théorie, c'est quand on sait tout,
et que rien ne fonctionne,
la pratique, c'est quand tout fonctionne
et que personne ne sait pourquoi.
Albert Einstein (1879 1955)

~

La modélisation naturelle.

La modélisation est un **processus naturel*** et pour une
très large part **inconsciente**.
Nous apprenons par modélisation** : « *Prends modèle sur*
ton frère, sur ta mère... », même si l'on ne le lui dit pas, c'est
ce qu'il fera (pour le meilleur et parfois pour le pire). Il doit
y avoir **un lien affectif positif** entre celui qui modélise et

le modèle, on ne modélise pas une personne que l'on déteste mais plutôt une personne que l'on aime, que l'on admire.

La Modélisation est à l'origine de la PNL.
La PNL est née de **l'observation de l'expérience humaine**. Tout comme il est essentiel d'observer un cuisinier pour apprendre à cuisiner puis de reproduire ses gestes avant de développer son propre style, il en va de même pour de nombreux autres apprentissages.
Cette approche qui associe observation et modélisation permet d'intégrer des compétences, des comportements et des stratégies qui ont fait leurs preuves, facilitant ainsi **le développement personnel et professionnel de chacun**. La PNL encourage à tirer parti des expériences des autres pour enrichir sa propre pratique.

~

** La plupart des apprentissages se font par modélisation tout d'abord par la modélisation intuitive. Un enfant apprend à jouer au ballon en regardant sa maman ou son papa jouer, il observe puis imite leurs gestes, leurs mouvements et leur stratégie. En apprentissage, les élèves apprennent de la même manière, ça n'est pas dans un livre que l'on apprend la soudure.*
*** On peut définir un mentor comme un modèle désintéressé.*

~

Les neurosciences donnent aujourd'hui un éclairage nouveau sur tous ces mécanismes.

*Si tu veux devenir optimiste et comprendre la vie, cesse de croire à ce qu'on dit et à ce qu'on écrit, mais **observe** par toi-même et réfléchis.*
Tchekhov (1860-1904)

Des experts comme modèles.
Si vous avez à choisir un modèle pour développer une compétence, **choisissez un maître de l'art**. La technique développée par la PNL est la modélisation consciente et stratégique avec un protocole.

Les trois premières personnes à servir de modèle.
Le Dr Milton Erickson.
Le Dr Milton Erickson psychiatre a révolutionné l'hypnose et considérablement influencé les thérapies brèves (par opposition avec la psychanalyse).
Par son influence sur l'école de Palo Alto, il contribue largement à façonner la PNL.

Fritz Perls, pionnier de la Gestalt-thérapie, a exercé une influence significative, en mettant l'accent sur la structure des échanges. Il a souligné l'importance de la manière dont les choses sont exprimées, considérant que le langage et la forme de communication jouent un rôle crucial dans la compréhension et les relations interpersonnelles.

Virginia Satir. Chercheuse et clinicienne en thérapie familiale. Son approche systémique va façonner la PNL.

Les influences.

La PNL a également été influencée par d'illustres chercheurs. **La PNL n'aurait pas vu le jour <u>sans l'école de Palo Alto</u>**.

J'ai déjà cité Grégory Bateson ; citons également Noam Chomsky (Linguiste) ; Alfred Korzybski, philosophe et scientifique américano-polonais qui a fondé la sémantique générale ; Karl Ludwig Von Bertalanfly systémique auteur de la théorie générale des systèmes (Général Système Theory) : «*Il n'y a pas de fous, il n'y a que des relations folles* », Paul Watzlawick (1921-2007), psychologue jungien. Commencer à citer toutes les influences, c'est à coup sûr s'exposer à en oublier tant elles sont nombreuses.

Une époque baigne aussi dans l'influence de ses théoriciens. Des philosophes ont pensé le langage : Austin (1911-1960) Phénoménologie linguistique, langage performatif ; Stanley Cavell (1926-2018) sur le langage ordinaire ; Ludwig Josef Johanna Wittgenstein (1889-1951) : philosophie du langage cité par Paul Watzlawick. Ces philosophes ont eu une grande influence sur la linguistique...

Conclusion :
La PNL continue a montré son efficacité. Sa force est d'être basée sur l'observation de l'expérience humaine, sur ce qui produit des résultats. Elle a encore de nombreuses pistes à explorer.

~

Nos souvenirs.

Nous ne pouvons bien évidemment pas revivre réellement une expérience, nous aurions besoin d'une machine à remonter dans le temps.
Nous allons donc travailler sur **le souvenir** que nous avons d'une expérience, en PNL nous parlons de **représentation mentale**. Une expérience est codée (VAKOG)**e** V pour visuel, A pour auditif, K pour kinesthésique (les sensations), O pour olfactif, G pour gustatif et e pour externe. La représentation de cette expérience, donc le souvenir est codé : (VAKOG)**i, i** pour interne.

~

Nos souvenirs sont-ils conformes à la réalité ?
La réponse est clairement non.

Quelques points de repère.
L'être humain construit en permanence l'expérience qu'il est en train de vivre. Cette construction se fait en fonction de ce qu'il **perçoit** grâce à ses 5 sens. Cette perception est imparfaite, nous ne percevons pas tout de la réalité et la perception passe au travers de différents filtres : culturels, sociologiques, familiaux et individuels.

L'objectivité n'existe pas.
Nous interprétons ce qui se passe autour de nous en fonction de ce que nous sommes au moment où l'événement se passe. Interviennent l'ensemble de nos croyances, de nos valeurs.

Les souvenirs ne font donc pas référence à la réalité, ni **à ce que nous en avons perçu,** mais à la manière dont nous sommes représentés ce que nous avons perçu. Nos souvenirs en tant que souvenirs sont bien réels et font naître des émotions. Ils ne sont pas la représentation objective de la réalité.

<u>Nos souvenirs sont une reconstruction</u> d'une construction et nous agissons à partir d'eux.

<u>Nos souvenirs ne sont pas stockés ad vitam aeternam.</u>
Chaque fois que nous appelons un souvenir, nous le mobilisons et nous le consolidons. Il est cependant déstabilisé ce qui constitue une opportunité de le modifier.

~

Apport des neurosciences.
Quittons un instant la PNL pour aller voir ce que nous disent les neurosciences.

Expériences en laboratoire.
Susumu Tonegawa (prix Nobel de médecine en 1987) et son équipe du MIT parviennent à créer en laboratoire de faux souvenirs chez des rats.

Des souris placées dans une **cage A** mémorisent l'odeur, les couleurs, l'aspect... Elles se créent un souvenir agréable A.

Elles sont ensuite placées dans une cage B. Elles mémorisent l'odeur, les couleurs de la **cage B**. Dans cette cage B, elles subissent une décharge électrique qui les rend craintives par rapport à cette cage (mauvais souvenir B). Chaque fois qu'elles sont dans la cage B, même sans décharge, elles ont peur.

Alors qu'elles sont dans la cage B, et qu'elles subissent une décharge électrique, on va déclencher le souvenir A par une technique appelée optogénétique (stimulation neuronale du vrai souvenir). Le souvenir A et la décharge électrique se combinent et créent un nouveau souvenir.

Lorsqu'on place les souris dans une cage C, il ne se passe rien.

Lorsqu'on place les souris dans la cage A, là où pourtant il ne s'est rien passé, les souris manifestent de la peur... elles ont créé un faux souvenir.

~

Expériences de psychologie expérimentale.

<u>Stress post-traumatique : souvenirs de guerre.</u>
<u>Miriam Lommen de l'université d'Oxford</u> a travaillé avec 245 soldats de retour d'Afghanistan.
Elle leur a demandé (deux mois après leur retour) s'ils avaient vécu une attaque de missiles. Elle leur a donné de nombreux détails sensoriels de telle sorte qu'ils puissent s'associer, se faire une représentation mentale de la scène comme nous le faisons en hypnose.
Aucun n'avait le souvenir d'une telle attaque. Sept mois plus tard, elle leur repose la question et là, le quart d'entre eux environ avaient le souvenir d'une telle attaque (souvenir fabriqué).

Modification d'habitudes.
<u>Elizabeth Loftus de l'Université de Stanford (Californie)</u> réalise en 1995 une étude avec 24 adultes.
Elle leur suggère qu'ils s'étaient perdus dans un centre commercial à l'âge de 5 ans (ce qui n'était pas le cas). Un quart d'entre eux ont développé un souvenir de ce non-événement qui du coup est devenu **un vrai faux souvenir !**

Par ailleurs, dans le cadre de ses recherches sur l'alimentation, Elisabeth Loftus a suggéré à des volontaires qu'ils avaient été malades dans leur enfance après avoir mangé une glace à la fraise. Près de la moitié d'entre eux se sont souvenus de leur nausée et ont cessé de manger de la glace.

Ce type de réaction est utilisé en hypnose dans les techniques d'aversion (dégoût du tabac, dégoût de la mauvaise nourriture...).

Elisabeth Loftus a réalisé une étude au cours de laquelle elle a suggéré à des étudiants qu'ils avaient un souvenir positif d'asperges. Ils se sont mis pour la plupart à aimer les asperges.

On imagine aisément les désastres qui peuvent résulter de la construction de faux souvenirs, notamment au niveau juridique*.

~

Ai-je bien interprété les situations que j'ai vécues ?
Un souvenir peut être totalement faux, nous venons de le voir ou être un vrai souvenir « revisité ».

La distorsion peut se produire à différents niveaux :
- Au niveau de la perception. Mes sens ne sont pas objectifs.
- Au niveau de l'interprétation.
Un même événement peut être interprété de différentes façons selon les personnes. Chaque interprétation est logique compte tenu des éléments dont dispose la personne à l'instant t.

~

La PNL ne cherche pas à démêler le vrai du faux.
Vrais ou faux souvenirs, pour le cerveau c'est la même chose... s'il y croit vraiment et il perçoit les émotions qui s'y rapporte. Du coup, nous ne nous poserons pas la question de démêler le faux du vrai.
Nous aborderons les choses sous l'angle de l'aidant ou du non-aidant, des avantages et des inconvénients.

~

La PNL ne cherche pas à effacer un souvenir.
Effacer un souvenir relève de la science-fiction ou de la pathologie.

Voici les questions à se poser :

— Comment cela s'est-il passé ? (On mobilise le souvenir ancien).

— Cela aurait-il pu se passer autrement ?

— Idéalement, comment cela aurait-il dû se passer pour que ce soit bien pour vous ?

— Y a-t-il des inconvénients à ce que cela se passe comme cela ?

— Qu'avez-vous conclu ?

— Idéalement qu'aurait-il fallu conclure pour que ce soit bien pour vous ?

Nos souvenirs étant des constructions, il est possible de revisiter ces constructions à la lumière du présent, compte tenu de toutes les acquisitions.

Des élèves se sont moqués d'une petite fille parce qu'elle ne connaissait pas une récitation. Aujourd'hui enrichie par ses ressources actuelles, elle va modifier les anciennes conclusions.

Nous pouvons **réaliser de nouvelles constructions** et de voir quels impacts ces nouvelles constructions vont avoir sur notre futur, ce sont les techniques régressives.

L'hypnose par exemple mais aussi la PNL vont intervenir d'une part comme moyen de créer des émotions par l'association qu'elle permet et comme puissant outil de suggestion.

** Innocent project, projet américain (qui a fait son entrée en France à Lyon en 2013), vise à innocenter des personnes victimes d'erreurs judiciaires grâce aux tests ADN. Sur les 300 personnes innocentées aux États-Unis depuis 1992, plus de 200 d'entre elles avaient été envoyées en prison sur la foi de témoignages oculaires.*

~

Les croyances.

*La santé mentale, c'est une conscience aiguë de
tout ce que j'ignore, doublée
d'un sourire narquois à l'égard de mes certitudes.*
Henri Laborit [1914-1995].

~

*Il me semble que je suis un peu plus sage
que les autres, car ce que je ne sais pas,
je ne crois pas le savoir.*
Socrate (-470, -399).

~

Je sais que je ne sais rien.
Socrate

~

Généralités.
Une croyance est une opinion considérée comme vraie :
- Sur nous-même.
*Je suis travailleur ; je vais réussir ce projet ; c'est trop
compliqué pour moi.*
- Sur les autres.
*Les gens sont généreux ; les autres sont toujours prêts à
vous aider ; les autres vont me mettre des bâtons dans les
roues ; les gens sont jaloux ; les gens sont méchants.*
- Sur le monde.
C'était mieux avant ; c'est la bonne période pour agir.
On retrouve les croyances à côté des valeurs au niveau 4 des
niveaux logiques (voir manuel : Formation PNL niveau I
tome 2). Ce qui est particulier concernant les croyances,
c'est qu'elles rayonnent sur tous les niveaux logiques, il y a

des croyances sur l'environnement, les comportements, les capacités, les valeurs, nous avons même des croyances sur nos croyances sur l'identité, sur l'idéal...

~

Croyances aidantes, croyances limitantes.

Nos croyances font partie de notre carte du monde, elles jouent un rôle important dans notre vie autant au niveau de nos réussites que de nos échecs. La PNL préfère la distinction aidant ou limitant à vrai ou faux. Certaines croyances nous aident (croyances aidantes) alors que d'autres nous gênent ou nous empêchent d'atteindre nos objectifs (croyances limitantes).

Une croyance d'apparence aidante, ça peut être bien... ou pas, je préfère la notion de réseau aidant de croyances.

Un élève de terminal qui en début d'année dit : *« Je suis certain d'avoir mon bac »* devrait avoir d'autres croyances complémentaires pour que cette croyance soit vraiment aidante.

~

L'aspect systémique de nos croyances.

Pour réussir ou pour échouer, il ne suffit pas d'une croyance aidante ou limitante, mais d'une architecture de croyances. Par exemple, *« je vais réussir »* n'est pas suffisante pour réussir, elle doit être associée à d'autres croyances par exemple : *« La réussite nécessite de la persévérance »*.

Contrairement aux idées reçues, l'optimisme ne mène pas nécessairement à la réussite, le pessimiste parce qu'il craint d'échouer, travaille peut-être plus que l'optimiste.

Le pessimisme est sans aucun doute un système de protection. Là encore, tout est affaire de contexte.

Les **croyances** forment un véritable système entre elles et également avec les **valeurs** et les **émotions** et les comportements. Dans une période où le positivisme s'impose, il faut savoir raison garder, une seule croyance aidante ne fait pas tout.

Si vous êtes coach, intéressez-vous au système de croyances de votre coaché et à l'articulation des croyances entre elles. Également comment elles fonctionnent avec les valeurs ?

Si vous êtes dans l'autocoaching et l'autoprogrammation neuro-linguistique, examinez la même chose pour vous.

J'assistais un jour à un match de football où mon cousin jouait. Sur le banc de touche, le coach criait à ses joueurs : « On y croit, on y croit ». Les pauvres étaient menés et avaient bien du mal à faire surface, ils ont perdu le match qui était à leur portée. La veille, ils avaient fait la fête assez tard, ils ne s'étaient pas suffisamment entraînés parce qu'ils se croyaient bien meilleurs que l'équipe adverse... une croyance aidante n'est pas suffisante.

D'autres croyances auraient été nécessaires comme : *« Rien n'est jamais gagné d'avance »* connu également sous forme de la morale de la fable de Jean de La Fontaine (1621-1695) : « L'ours et les deux compagnons » : *« Il ne faut jamais vendre la peau de l'ours qu'on ne l'ait mis par terre »*. Il y a d'autres croyances pour former un réseau de croyances aidantes, vous pouvez les rechercher, c'est un excellent exercice.

~

Croyances : un peu, beaucoup, passionnément.

Enfin, une croyance n'est pas un système binaire : nous l'avons ou nous ne l'avons pas, elle possède une intensité variable. Nous pouvons être totalement persuadés de quelque chose... « à y mettre sa main à couper » ou partiellement persuadé que... nous pouvons booster une croyance aidante et ramollir une croyance limitante.

~

La vie de nos croyances.

Nos croyances ne sont pas éternelles, elles ont une naissance et parfois une mort, elles ont une vie.

Chaque jour, certaines croyances **naissent**, d'autres s'affaiblissent, se « **ramollissent** » (doute) et d'autres enfin **disparaissent** (Père-Noël). Il est donc possible de revisiter nos croyances, de nous-même, ou à l'aide d'une tierce personne (coach) qui veillera à l'écologie d'un éventuel changement de croyance. Tout comme on parle du mythique cimetière des éléphants, il existe un « cimetière des croyances ».

Exercice.

Recensez vos croyances anciennes auxquelles vous ne croyez plus, les nouvelles, celles dont vous doutez aujourd'hui et celles que vous aimeriez avoir.

~

Nous sommes attachés à nos croyances.

Vous remarquerez que certaines personnes sont attachées à leurs croyances comme un alpiste à sa paroi.

Pensez à toutes ces conversations interminables entre deux personnes qui ne partagent pas le même avis. Parfois, nous passons de la simple confrontation d'idées qui est une bonne chose à un affrontement. Si nous sommes particulièrement attachés à nos croyances, nous les défendrons « bec et ongles », jusqu'à parfois entrer dans l'exagération.

~

Croyances conflictuelles.

L'ensemble de nos croyances forme un système cohérent. Il arrive cependant qu'une **croyance entre en conflit avec une autre** : *« Dans la vie, il faut faire des sacrifices pour être heureux »* et *« On ne sait pas ce qui peut se passer demain, il faut vivre pleinement »*.

Exemple :

Une de mes étudiantes qui était venue en démonstration vivait un conflit de croyance : elle avait hérité de sa maman cette croyance : « *Une bonne maman se consacre à 100% à ses enfants* », elle avait aussi la croyance que : « *Pour être une femme épanouie, il fallait avoir un travail épanouissant* ». Son dilemme semblait inconciliable puisqu'elle voulait réussir sa vie de femme et sa vie de maman.

~

Validation des croyances.

Chacun d'entre nous veille à ce que son système soit le plus cohérent, le plus stable possible afin d'assurer son équilibre (homéostasie).

Avant « d'ajouter » une nouvelle croyance, nous nous assurons (inconsciemment) qu'elle est acceptable dans le système constitué par l'ensemble de nos croyances, elle doit « rentrer dans le moule ».

Pour garantir la stabilité et la cohérence de son système de référence, chaque individu va choisir (mécanisme de **sélection** de la construction de sa carte du monde) et parfois déformer la réalité (mécanisme de **distorsion**) afin de renforcer son système. Nous passons notre existence à tenter de valider nos croyances.

~

Accès aux croyances par l'écoute et le questionnement.

Nous avons accès assez facilement aux croyances d'une personne, il suffit de l'écouter attentivement. Chaque personne parsème son discours de croyances. Derrière les croyances faciles d'accès se trouvent parfois des croyances non conscientisées.

Il faudra alors questionner la personne :

— *Pourquoi penses-tu cela ?*

~

Changement de croyances.

Nous pouvons changer nos croyances, du reste nos croyances se changent d'elles-mêmes au contact des expériences (croyance dans le Père-Noël).

Un changement volontaire de croyance ne présente bien évidemment un intérêt que dans la mesure où la croyance concernée est limitante et que son changement est acceptable (écologie du changement de croyances).

Quels sont les impacts sur la personne et son environnement ?

La PNL propose de nombreuses techniques de changement de croyances.

Exemple de changement de croyance : *un enfant pense qu'il n'est pas capable de réussir à apprendre...*

~

Le pouvoir des croyances.

Nos croyances nous influencent, elles agissent comme des raccourcis... du « prêt à penser » !

Nous avons des croyances sur tout (ou presque), en présence d'un événement, nous « sortons » la croyance qui va nous permettre de traiter l'information.

Nos croyances permettent un traitement rapide, mais superficiel de l'information : métaphore de l'avare cognitif ("Cognitive Miser") de Shelley E. Taylor, 1981.

Nous avons besoin de ce traitement rapide de l'information (prêt à penser) ce qui ne nous empêche pas de revisiter nos croyances... surtout celles qui nous freinent et nous limitent.

Nous ne nous déterminons pas par rapport à la réalité, mais par rapport à nos croyances sur la réalité.

Cependant, nous risquons d'être rejoints par la réalité... c'est le fameux principe de réalité de Freud (énoncé en 1911). Les croyances jouent un rôle important dans la motivation.

~

Croyance et vérité ?

Bien que cette question dépasse le cadre de la PNL, je ne pouvais pas, ne pas l'aborder.

> *Nous sommes un immense*
> *réservoir de croyances.*

Comme vu précédemment, la PNL aborde uniquement les croyances sous l'angle de **"l'aidant et du limitant"** et non du vrai et du faux.

Ce que je considère comme vrai dépend surtout de la confiance en la personne qui me propose cette vérité : lors d'un diagnostic médical, je fais confiance au médecin. Lorsque l'on me dit que la terre est ronde (ce dont je ne doute pas une demi-seconde), je fais confiance à ceux qui me le disent puisque je ne suis jamais allé suffisamment loin de la terre pour le vérifier.

Descartes avec son « Je pense donc je suis » avait cru avoir résolu cette épineuse question.

Tout se complique avec les « fake news » et l'intelligence artificielle (IA).

Comme je ne suis pas en mesure de répondre à cette question, je vais m'en sortir par une pirouette en vous invitant à revoir le film de Lilly Wachowski et Lana Wachowski : Matrix (1999).

L'interrogation n'est pas nouvelle, déjà Socrate disait « *Si je ne sais rien, je ne crois pas non plus savoir. Il me semble donc qu'en cela du moins je suis un peu plus sage, que je ne crois pas savoir ce que je ne sais point* ».

~

Croyances sur nous-mêmes.

Elles se sont souvent construites sur ce que les autres (et en tout premier lieu nos parents) ont dit de nous (leurs croyances sur nous-mêmes).

Des propos valorisants ou à l'inverse dévalorisants, répétés au cours de l'enfance ou prononcés dans un cadre émotionnel fort, vont avoir un impact sur la personne **et devenir des** filtres sur la manière dont elle apprécie ce qu'elle est capable de faire ou de ne pas faire, sur ce qu'elle est...

Exemples :

Jean a 60 ans, il se souvient qu'il a toujours été valorisé par ses parents.

Chaque fois qu'il faisait quelque chose de bien, on lui faisait un compliment, lorsqu'il rencontrait une difficulté, on l'encourageait en lui disant qu'il allait y arriver en persévérant.

Il s'est construit tout un réseau de croyances aidantes qui lui ont permis d'avancer dans la vie... et d'être épanoui.

~

Marie à l'inverse, n'a jamais eu le moindre compliment de la part de ses parents, quoi qu'elle fasse, quoi qu'elle réussisse. Marie cherchait à attirer l'attention pour se sentir aimée, mais cela n'a pas fonctionné. Elle a accumulé des diplômes pour capter l'intérêt, mais son manque de confiance en elle et sa faible estime de soi sont évidents. Cela semble étrange aux personnes qui connaissent son parcours.
*Elle a une belle réussite matérielle mais n'est pas heureuse, on appelle cela une **vengeance par sublimation**.*
Nous cherchons à être aimés de manière inconditionnelle pour ce que nous sommes, pas pour ce que nous faisons.

~

Croyances sur les autres.

En fonction de ce que nous pensons des autres personnes, nous aurons une prédisposition intérieure. Cette prédisposition va induire un comportement particulier envers l'autre et par un mécanisme de rétroaction induire chez l'autre un comportement spécifique.

Philippe est issu d'une famille suspicieuse... méfie-toi de tes petits camarades, ils vont te prendre tes crayons dans ta trousse et nous ne t'en achèterons pas d'autres. Ne fais confiance à personne, si quelqu'un te fait des compliments, c'est pour mieux profiter de toi.

Philippe a du mal à créer de bonnes relations. Il est d'emblée distant, méfiant et ça se sent.

~

Croyances sur le monde.

« Le monde est dur... », *« C'était mieux avant... »*.

Si nous appliquons le métamodèle (voir Formation PNL niveau I, tome I) à ces deux questions, nous nous demanderons pour la première affirmation : *« Dur pour qui ? »* et *« dur jusqu'à quel point ? »* ; pour la deuxième : *« À quelle époque faites-vous référence ? »* et *« Pour qui ? »*.
Beaucoup d'autres questions pourraient être posées sur ces deux croyances.

Évidemment, nous avons une infinité de croyances sur le monde. Et si les personnes ne sont pas d'accord sur les réponses, c'est tout simplement que ce sont des généralisations et qu'il n'y a pas de référence.

Si vous trouvez une personne qui ne partage pas votre opinion, il est très rare que vous puissiez vous mettre d'accord. Votre référentiel ne sera pas le même, il y a aura des omissions et des déformations... en toute bonne foi.

Cela ne signifie nullement qu'il ne faut pas échanger sur nos croyances... mais il faut savoir s'arrêter quand nous passons de la confrontation à l'affrontement improductif, ou chacun entre dans une escalade symétrique.

~

Approche de la PNL sur les croyances.

Comme nous l'avons vu précédemment, la PNL n'essaie pas de démêler le vrai du faux, mais plutôt de voir quelles sont les croyances aidantes et celles qui nous limitent, bien évidemment, dans le contexte dans lequel la personne se trouve. J'aime insister sur le fait que je préfère m'intéresser au "réseau aidant" de croyances et de les articuler avec les valeurs.

~

Le réseau de croyances.

Comme je l'ai évoqué précédemment, je me suis aperçu que le plus important n'était pas la croyance, mais le réseau de croyances.

Toutes les croyances ne se valent pas, certaines croyances ont plus d'influence que d'autres et une croyance aidante peut être annihilée par une croyance limitante :

«*Je suis capable de réussir* » par «*Je ne le mérite pas* » (manque d'estime de soi).

Certaines croyances ne sont **aidantes qu'en apparence** : un étudiant en début d'année : « *Cette année est très facile, je suis sûr d'y arriver* » ... le risque étant que porté par cette croyance « aidante » l'étudiant risque de ne pas travailler suffisamment.

C'est bien le réseau de croyances qui va être important... mais pas seulement, il faudra y ajouter les émotions (il vaut mieux... en général être passionné) ; « *Rien ne s'accomplit dans ce monde sans passion* » Hegel (1770-1831) ... les valeurs et les métaprogrammes (programmes mentaux).

~

Comment nos croyances évoluent-elles ?

Fort heureusement, nos croyances évoluent... rien n'est figé (ceci est une croyance), elles le font par exemple d'elles-mêmes par la confrontation avec l'expérience (Principe de réalité de Freud).

Sans cette possibilité de revisiter nos croyances, nous serions dans un système figé, rigide, incapable d'adaptation.

Une réussite aura tendance à stimuler nos croyances aidantes.

Un échec aura tendance à booster ou créer des croyances limitantes ; même si nous pensons comme <u>Nelson Mandela</u> (1918-2013) qu'un échec est une opportunité d'apprendre : « *Je ne perds jamais, soit je gagne, soit j'apprends* ».

Nous sommes capables de remettre en cause nos croyances.

- Soit en y réfléchissant ce qui peut se faire de façon progressive : ramollissement d'une croyance.

- Soit de façon brutale si « l'antidote » est fort... les jouets de Noël que l'enfant de 5 ans trouve dans le placard, ou le message tombé d'une poche d'un homme ou d'une femme qui trompe l'autre.

On peut appliquer aux croyances la phrase <u>d'Aristote (-384, -322)</u> : « *La nature a horreur du vide* », dès qu'une croyance disparaît, une autre se met en place.

Cependant, nous sommes très attachés à nos croyances. Et j'ai coutume d'ajouter comme un alpiniste à sa paroi.

Exemple.

Une secte avait prédit la fin du monde à une date précise, la terre allait être détruite par des extraterrestres.

Des journalistes avaient infiltré la secte pour voir ce qui se passerait lorsque la date serait dépassée.

Les membres de la secte ont attendu toute la nuit et les extraterrestres ne sont pas venus. Ils en ont déduit qu'ils avaient tellement prié que les extraterrestres avaient renoncé à leur funeste projet.

Une nouvelle croyance avait pris la place de la première, leur foi en a été consolidée et de nouveaux adeptes sont venus en masse.

Vous connaissez peut-être cette blague :

Une personne amenée par sa famille consulte un psychiatre, car il se prend pour un cadavre. Le psychiatre sort une aiguille et pique le pseudo-cadavre. Ah vous voyez, dit le médecin victorieux, vous n'êtes pas un cadavre, vous saignez. Ça alors, répond le patient, j'ignorais qu'un cadavre, ça saignait !

~

Comment nos croyances se forment-elles ?

Nous passons notre temps à interpréter. Une multitude d'informations nous parviennent, la première règle est sans doute : *« Nous ne pouvons pas ne pas interpréter »*. Il est essentiel pour nous de donner un sens à ce qui se déroule autour de nous.

Les croyances se forment de deux manières différentes : par répétitions ou en présence d'une émotion forte.

Une croyance se forme par répétition.

C'est le mécanisme de généralisation qui interviendra. Certaines personnes généraliseront très vite, d'autres auront besoin de plus de répétitions.

Dialogue entre une petite fille de 6 ans, Raphaëlle en CP et son papa :
— Papa, c'est difficile de lire.
— Tant qu'on n'a pas encore appris, oui, c'est difficile, ensuite ça devient facile. Souviens-toi avant de savoir faire du vélo, tu trouvais que c'était difficile, maintenant, tu trouves cela facile.
— Oui faire du vélo, c'est facile
— Parce que tu as appris. Que faut-il pour apprendre ?
— Il faut faire, s'entraîner et travailler, répond Raphaëlle.
— Exactement.

Raphaëlle a commencé à mettre en place deux croyances aidantes.
- <u>La première</u> : Pour apprendre, il faut faire, travailler et s'entraîner.
- <u>La seconde</u> : C'est difficile quand on n'a pas encore appris, après ça devient facile.

Évidemment, ces deux croyances font partie d'un réseau de croyances comme le plaisir de savoir et de travailler. Grâce à ses croyances, Raphaël apprend très vite à lire.
Être maman-coach ou papa-coach, c'est aider ses enfants à acquérir de belles croyances aidantes.

Une croyance se forme également lorsque l'événement a un impact émotionnel fort sur la personne.
Il ne faudra alors qu'une seule fois. Voyez le film de Jean Becker : « Deux jours à tuer » avec Albert Dupontel et Marie-Josée Croze dans lequel à cause d'une « amie » bien intentionnée, Cécile pense que son mari la trompe, ce qui est faux.

Nous adoptons les croyances de notre environnement.
Nos croyances se forment par adoption des croyances de notre milieu (familial, culturel...) et d'une façon générale par adoption des croyances de personnes que nous aimons ou en qui nous faisons, à tort ou à raison, confiance (instituteur).

~

Les pièges à éviter dans la recherche des croyances.

Ils ne savaient pas que c'était
Impossible alors ils l'ont fait.
Marc Twain (1835-1910).

Croyances et vérités.

Il n'est pas simple de rechercher ses propres croyances. Comme nous l'avons vu, nous avons tendance à confondre croyance et vérité. Dès que nous ignorons quelque chose, nous nous empressons de créer une croyance.

Il n'est pas si simple d'explorer les croyances des autres, lorsque la majorité des affirmations que nous considérons comme vraies ne sont en réalité que des opinions.

Lorsque nous sommes en coaching, la personne que nous accompagnons n'a pas nécessairement envie que nous ayons accès à toutes ses croyances (d'où la difficulté d'accompagner sa famille et ses amis). Ajoutons que la plupart de nos croyances sont inconscientes.

Chacun sa carte du monde, chacun ses croyances.

Nous avons tous des croyances et le premier risque est une tendance à prendre notre carte du monde comme un système de référence universel.

Ce qui conduit d'une part à imaginer ce que l'autre pense (**lecture de pensée**) et d'autre part à ne pas poser certaines questions dont nous croyons connaître la réponse.

J'entends parfois des gens dire au sujet de ce qu'une personne avance : *« Ce n'est pas une croyance, mais une vérité. »*

Lorsque nous avons la même croyance qu'une personne (synchronisation), nous avons tendance à penser qu'elle a raison et que du coup ce qu'elle dit est la vérité.

Dans le cadre du changement (coaching par exemple), il ne s'agit pas de revisiter toutes les croyances, ce qui n'aurait aucun sens et surtout aucun intérêt, mais simplement celles qui peuvent déboucher sur une piste intéressante de changement désiré.

Si vous accompagnez une personne comme coach, je vous invite à jouer le « candide ». Même, et surtout lorsque vous êtes d'accord avec elle : *« Je partage votre avis, mais pouvez-vous préciser ce que vous entendez par là ? »*.

Si vous ne partagez pas une croyance avec une personne, ce qui arrive souvent, vous pouvez vous synchroniser à minima : « **Je comprends** ce que vous voulez dire par là », comprendre ne vaut pas adhésion.

Un écran de fumée par l'abstraction.
Parfois, la personne va expliquer sa croyance en étant très théorique, abstraite dans ses explications :
— Je suis généreux (croyance sur soi).
— Vous pouvez m'en dire plus ?
— Oui, je pense que la générosité est quelque chose d'important, c'est ce qui caractérise l'humanisme, être attentif aux autres et faire profiter les autres de la chance que nous avons. Au même titre que pour moi l'empathie est une forme de générosité...
On voit bien que la réponse de la personne est abstraite, extrêmement floue, c'est un peu ce que nous appelons la « langue de bois ». Il faudra appliquer le métamodèle (Livre niveau I tome 1).
— Je comprends. Juste pour que je me fasse une idée, pourriez-vous me donner un exemple concret de votre générosité ?
— Il m'arrive de donner de l'argent aux sans-abris.
— Oui, c'est généreux. Quand l'avez-vous fait pour la dernière fois ? Et combien ?
Il faudra évidemment être très **vigilant sur le rapport** (bonne relation). Vous êtes intrusif et vous amenez la personne à remettre en question ce qu'elle pense d'elle-même.
— Je devrais peut-être donner plus souvent et un peu plus.

La personne est toujours floue. Elle ne veut pas vraiment répondre. Elle est dans un mécanisme que nous appelons la rationalisation explicative.

Dissimulation des croyances.
Parfois, tout se passe comme si la personne ne voulait pas avouer une croyance limitante... ni à vous ni à elle-même.
Comme on dit dans le sport, elle « botte en touche » et se met à parler d'autre chose, ou bien elle demande un verre d'eau ou demande d'aller aux toilettes.
Le plus souvent, ce mécanisme est inconscient.
C'est ce que j'appelle la méthode James Bond **de l'écran de fumée**... James Bond (le client) est poursuivi par le méchant (le coach), il va être rejoint, il appuie sur un bouton, un nuage de fumée sort de son Aston Martin et le dissimule.

~

Recherche des croyances.
Pour accéder aux croyances, vous pouvez poser des questions qui commencent par « **Pourquoi** » et ses dérivés. Les enfants posent beaucoup de questions qui commencent par « Pourquoi » et dès que vous avez répondu, ils reprennent votre réponse et pose une nouvelle question commençant par pourquoi.
Attention de bien garder le cap.

~

Questions des stagiaires.
Bernadette,
— Si j'ai bien compris, la plupart des choses que nous considérons comme vraies sont en réalité des croyances. Cela signifie-t-il qu'il faudrait remettre en question tout ce que nous savons ?

— Ce serait très inconfortable, nous avons besoin de croyances pour avancer. Nous avons besoin de certitudes... sous réserve d'avoir un sourire narquois à l'égard de nos certitudes (Henri Laborit).

De plus, il existe de nombreuses croyances qui ont peu ou pas d'impact sur notre vie quotidienne. Nous chercherons les croyances en rapport avec le contexte que nous explorons, et si ce que nous découvrons est une croyance bénéfique, peu importe qu'elle soit, selon moi, vraie ou fausse. Si un enfant me dit : « *Je suis capable de ...* ». Je ne vais pas tenter de voir si c'est vrai ou faux, je le laisse avec sa croyance. Sous réserve que sa croyance ne soit pas dangereuse (écologie).

Sophie,
— *Quelle serait la définition la plus simple d'une croyance ?*
— *Une croyance est quelque chose que je considère comme vrai.*

Stéphanie
— *Quel est le contraire d'une croyance ?*
— *Pas la vérité, probablement le doute ou l'incertitude.*

La croyance rassure, il faut une bonne dose de sagesse pour accepter de vivre avec des doutes : le doute inquiète :

« Le doute est la couronne du sage »
Alain (Philosophe 1868-1851)

~

On mesure l'intelligence d'un individu
à la quantité d'incertitudes
qu'il est capable de supporter ».
Kant (1724-1804)

~

Conclusion sur les croyances.

Nos croyances, au même titre que nos valeurs, structurent notre carte du monde. Nous n'avons pas besoin de connaître toutes les croyances, seules celles qui jouent un rôle important dans le contexte nous intéressent.

Des croyances importantes (souvent limitantes) sont inconscientes, c'est là que des résistances vont apparaître.

Pour accéder aux croyances, nous écoutons.
Pour « dénicher » les croyances impactantes, nous questionnons.

Attention de ne pas perdre le rapport, ne mettez pas la personne dans l'inconfort… il faut être habile.
Les croyances importantes (qu'elles soient aidantes ou limitantes) sont associées à une forte charge émotionnelle.
Enfin, méfions-nous de nos certitudes, elles nous enferment.
Le doute n'est pas toujours confortable.

~

Ce n'est pas le doute qui rend fou,
c'est la certitude.
Friedrich Nietzsche (1844-1900).

« Pour réussir, commencez par y croire ».

À cœur vaillant rien d'impossible.
Devise de Jacques cœur (1395 1456)

~

Le temps.

Chronos, dieu du temps de la mythologie grecque.

~

Le temps est un sujet fascinant parce qu'il touche à nos émotions les plus profondes.
Le temps est à la fois ce qui ouvre l'existence et ce qui engloutit tout. S'interroger sur la notion de temps, c'est questionner le sens même de notre vie.
C'est pour ça que j'ai passé ma vie à étudier cette question.
Carlo Rovelli, spécialiste de physique théorique.

~

Selon les physiciens, le temps avant le big bang n'existait pas. Difficile à concevoir pour les êtres humains que nous sommes. Fort heureusement, cette notion est très loin de nos préoccupations.

Nous n'avons pas d'organe du « sens temps » permettant la perception du temps... même si nous disposons d'une horloge biologique interne située dans le noyau suprachiasmatique du cerveau.

Le temps ne peut pas être codé comme nous le faisons avec nos sens en VAKOG (Visuel, Auditif, Kinesthésique, Olfactif et Gustatif). Même si nous avons une "idée du temps qui passe", il n'est pas un stimulus comparable à une image, un son ou une odeur

Perception subjective du temps.
Chacun perçoit le temps à sa manière
Un centième de seconde empêche un champion d'accéder à la plus haute marche du podium.
Une minute de retard empêche un homme de monter dans le train pour rejoindre sa famille.
Une heure est ce qui manque à une étudiante pour rendre son devoir.
Pour le viticulteur, la référence est une saison.
Une année est ce qui me manquera pour voir ma fille grandir encore un peu...
Un siècle n'est rien pour les géologues.

~

Le temps passé
Celui qui va naître
Le temps d'aimer
Et de disparaître
Le temps des pleurs
Le temps de la chance
Le temps qui meurt
Le temps des vacances
Le temps, le temps
Le temps et rien d'autre
Le tien, le mien
Celui qu'on veut nôtre...
Charles Aznavour

~

Le temps et la mémoire.
Le temps ne peut être examiné que sous l'angle de notre propre expérience personnelle : l'avant, l'après et l'en-même-temps.
Le classement des événements les uns par rapport aux autres ne peut se faire que si l'on s'en souvient.
Le temps découle de la comparaison d'images.
Une personne dépourvue de mémoire ne pourrait que vivre dans le temps présent, son cerveau serait incapable de faire des interprétations, des comparaisons. Elle ne pourrait pas avoir le sens du temps.

Point de vue des physiciens.

Pour Newton (1642-1727) : le temps est un flux continu

Pour les physiciens, le temps n'est pas absolu, mais relatif, c'est une perception variable et subjective en fonction des événements.

Pour Einstein (1879-1955) :
"Les expériences d'un individu nous semblent arrangées en une série d'événements ; dans cette série, les seuls événements dont nous nous rappelons semblent être ordonnés selon le critère du plus ancien ou du plus récent. Il existe par conséquent, pour l'individu, un temps Moi, ou un temps subjectif. Ce n'est pas mesurable en soi. Je peux, en effet, associer des nombres avec des événements, de telle sorte qu'un nombre supérieur est associé avec l'événement ultérieur plutôt que l'événement antérieur."

Carlo Rovelli (Physique quantique) émet l'hypothèse que le temps n'existe pas !

Pour Julian Barbour (physicien) :

Le temps n'est rien qu'une mesure des positions changeantes des objets. Un pendule oscille, les aiguilles de l'horloge avancent.

Le temps selon William James.

<u>Pour William James</u> psychologue (1842-1910) :

Nos souvenirs sont organisés comme un collier de perles. Chaque souvenir a un souvenir qui le précède et un autre qui le suit.

~

Représentation spatiale du temps.

Le temps est souvent représenté de façon linéaire, ce qui est inexact. Comme l'eau d'une rivière ne s'écoule pas à la même vitesse de sa source à son estuaire, l'écoulement du temps est variable... parfois, il s'accélère, parfois il ralentit.

Le temps ne s'écoule pas à la même vitesse selon l'altitude : il s'écoule plus rapidement au sommet d'une montagne qu'en plaine. Cela fait plus d'un siècle qu'Einstein a eu cette intuition.

On retrouve des représentations en spirales, voire en cercles (le temps est un éternel recommencement). Marquant ici l'aspect cyclique et répétitif de l'histoire des hommes.

En général, le futur est représenté devant nous et le passé derrière : "se retourner sur son passé", "avoir l'avenir devant soi".

Le temps a un sens, il "s'écoule" du passé vers le futur. D'où les métaphores du cours d'eau pour représenter la vie...

~

La ligne de temps.

La PNL symbolise le temps sous forme d'une ligne imaginaire : **la ligne de temps**.

Toutes les techniques régressives peuvent utiliser la ligne de temps, même si certaines s'en passent ou peuvent s'en passer.

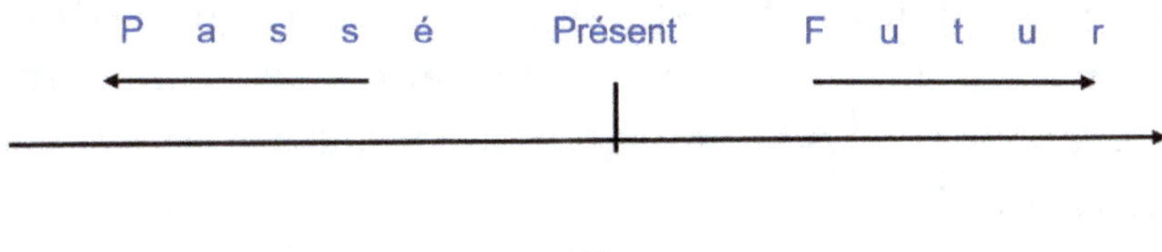

~

Ancrage spatial.
En même temps que la ligne de temps, nous utilisons l'ancrage spatial.
Nous imaginons symboliquement que la ligne de temps se trouve sur le sol.
Sur la ligne de temps, nous sommes <u>associés au temps</u>.

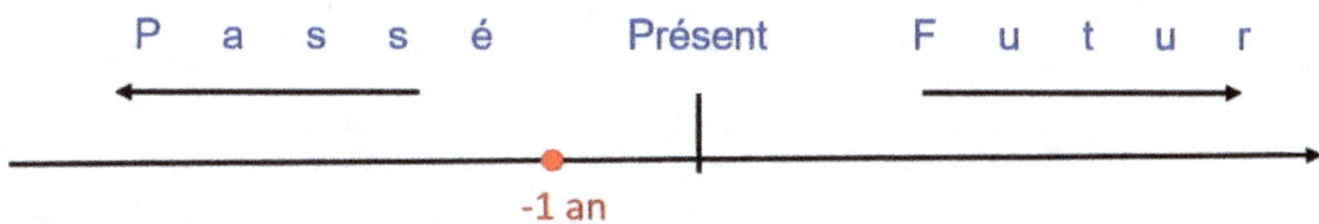

Si nous nous **plaçons sur le repère rouge** et que nous avons convenu qu'il s'agissait d'un événement qui date d'un an, nous allons vivre en imagination cet événement.

Les neurosciences nous disent que cet événement qui s'est déroulé il y a un an est **au présent pour le cerveau émotionnel (système limbique).** Si cet événement était triste, nous pouvons pleurer, si cet événement était joyeux, nous pouvons sourire ou rire. Alors que le cerveau rationnel (lobe frontal) sait lui que c'est du passé et que cela n'est plus.

La personne que nous accompagnons va se centrer sur tout ce qu'elle a perçu lors de cet événement : les perceptions visuelles, auditives, kinesthésiques, olfactives, gustatives... comme si elle y était et va **ressentir les émotions associées à cet événement**... nous disons que la personne est associée.

~

La ligne de dissociation.
En dehors de la ligne de temps, nous sommes <u>dissociés du temps</u>, c'est la position **méta**.
Parallèlement à la ligne de temps se trouve **la ligne de dissociation** qui regroupe l'ensemble des positions dissociées (méta).

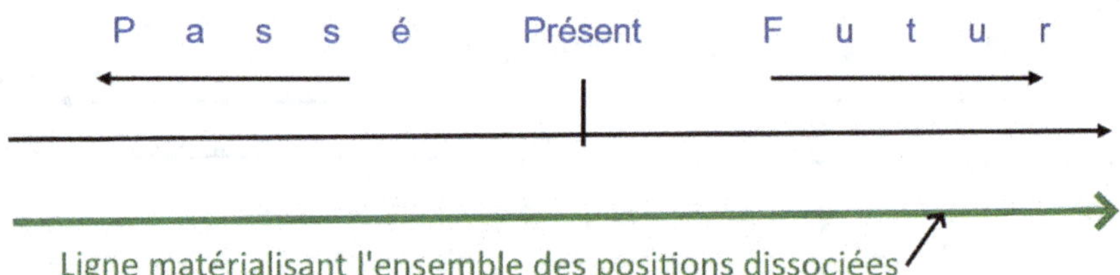

Sur cette ligne, nous ne sommes pas associés à l'événement, c'est une ligne de prise de recul, d'analyse... **nous ne sommes pas émotionnellement** connectés à l'événement.

Par convention, cette ligne méta sera en général remplacée par une feuille de papier **que nous mettrons face au présent**, mais ce ne sera pas systématique.

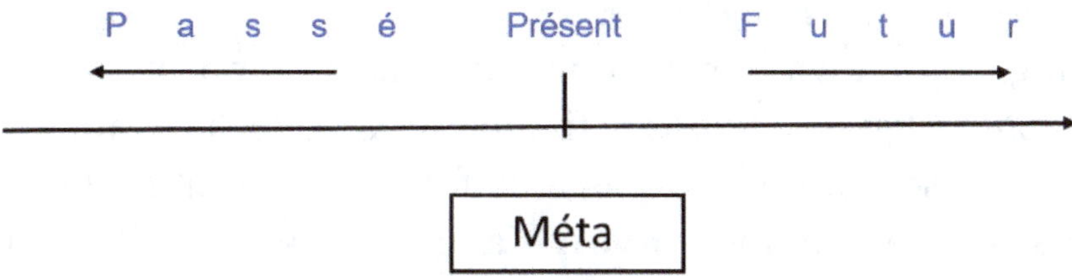

Cependant, pour un événement (E) qui s'est déroulé il y a dix ans, nous pouvons utiliser symboliquement deux positions dissociées.

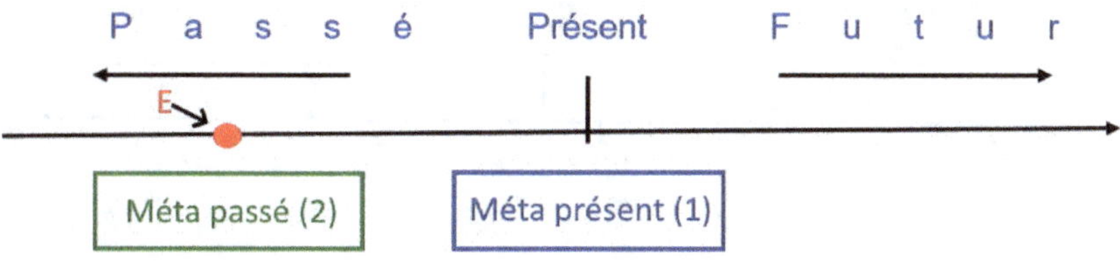

Nous pouvons prendre du recul et analyser la situation ancienne de deux manières différentes :

En position « méta présent » (1) :

— <u>Aujourd'hui</u> avec du recul comment analysez-vous la situation ? (Méta présent).

Ou bien, en position « méta passé » (2)

— <u>À l'époque</u> qu'en avez-vous pensé ? (« Méta passé »).

Nous allons nous déplacer sur la ligne de temps **"comme si"** nous voyagions dans le temps.

Nous allons pouvoir nous placer hors du temps (position méta) et faire **"comme si"** nous avions une vision panoramique de notre vie.

~

Comment nous y prenons-nous ?

Le futur est généralement représenté comme se situant à droite et le passé à gauche.

En général, c'est la personne que nous accompagnons qui établit sa ligne de temps fictive sur le sol. Elle détermine où se situe son présent, le passé, le futur et sa position méta.

Des phrases comme : **"avoir l'avenir devant soi"** ou en parlant du passé : **"ne pas regarder derrière soi"** nous semble évidente tant il est habituel de placer son passé derrière nous et le futur devant.

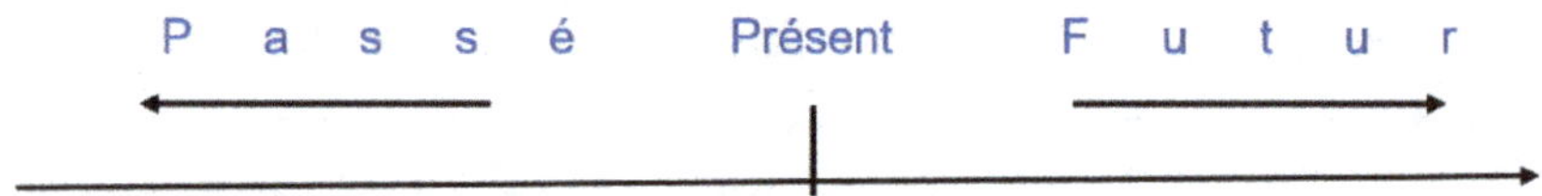

Conclusion :

Avec la ligne de temps, nous sommes prêts pour voyager mentalement dans le temps, comme nous le faisons souvent... mais pas de manière aussi structurée qu'avec la ligne de temps.

Grâce à la position associée, nous allons revivre une expérience ancienne comme si nous y étions, donc émotionnellement (cerveau limbique).

Grâce à la position méta (dissociée) nous allons pouvoir prendre du recul et analyser la situation (cortex frontal).

~

CHANGER LES CROYANCES AVEC LES TECHNIQUES RÉGRESSIVES.

Les techniques régressives en PNL.

Quelle que soit sa noirceur, ne laissez
pas votre passé vous emprisonner.

Les techniques régressives n'effacent pas les
événements difficiles, voire traumatisants, de
notre passé, elles nous en libèrent.

Il n'y a pas de perception qui ne soit imprégnée de souvenirs. Aux données immédiates et présentes de nos sens, nous mêlons mille et mille détails de notre expérience passée.
Henri Bergson (1859-1941)

~

Notre passé ne cesse de croître, chaque instant présent s'intègre immédiatement à notre passé. Chaque événement présent vient nourrir notre passé, il ne disparaît pas.

Généralités.

<u>Pour William James</u> (1842-1910), nos souvenirs sont organisés comme un collier de perles. Chaque souvenir a un souvenir qui le précède et un autre qui le suit.
La manière dont nous vivons un événement est influencée par les événements qui l'ont précédé. Chaque événement aura une influence sur les évènements qui suivront.
Certains événements sont plus impactés que d'autres, certains événements ont plus d'influence que d'autres.

Pour prolonger le concept de William James, nous avons intérêt à ajouter de bonnes perles (souvenirs agréables) pour modifier le cours de notre vie. C'est le cas de certaines personnes qui après avoir eu une enfance malheureuse vont tout faire pour ajouter de beaux événements à leur vie.

~

Les techniques régressives ne sont pas propres à la PNL

La PNL utilise les techniques régressives comme technique de changement de croyances.

Les techniques régressives font partie des **techniques de réparation.**

Pour la gestalt* (psychologie de la forme), chaque événement passé est une forme qui a gardé son énergie.

Pour la psychanalyse, nos traumatismes refoulés continuent à agir.

Pour l'analyse transactionnelle, nous agissons selon des scénarii de vie.

Le reparentage (reparenting), est une technique de réparation. Cette approche consiste à offrir au patient les **soins émotionnels** et le soutien qu'il n'a pas reçus durant son enfance. Le reparentage encourage les individus à devenir leur propre **parent intérieur**. Cette approche est particulièrement bénéfique pour ceux qui ont vécu **des traumatismes ou des négligences** durant leur enfance.

En hypnose, les techniques régressives permettent de donner à un sujet ce dont il aurait eu besoin pour vivre correctement une situation. Milton Erickson a traité une phobie au jus d'orange par une technique régressive.

Les événements de notre passé sont toujours vivants émotionnellement. Ils impactent notre présent et donc influencent la manière dont nous vivons notre quotidien, notre vie de tous les jours.

** La PNL a été très influencée par Fritz Perls père de la gestalt-thérapie.*

~

Quelle est la réalité de nos souvenirs ?
L'être humain construit en permanence l'expérience qu'il est en train de vivre. Cette construction se fait en fonction

de nos 5 sens (nous ne percevons pas tout de la réalité), et de nos propres filtres (culturels, sociologiques, familiaux et personnels).

Le passé est une construction,
nous pouvons intervenir sur cette construction.

~

L'objectivité n'existe pas.
Nous interprétons ce qui se passe autour de nous en fonction de ce que nous sommes (en PNL on parle de la carte du monde), au moment où cela se passe. Interviennent l'ensemble de nos croyances, de nos valeurs.

Les souvenirs ne font donc pas référence à la réalité **mais à ce que nous en avons perçu** et à la manière dont **nous nous sommes représentés** cette perception.
Nos souvenirs sont une reconstruction d'une construction et nous agissons à partir d'eux.

~

Ai-je bien interprété les situations que j'ai vécues ?
Un même événement peut être interprété de façons très différentes selon les personnes.
Chaque interprétation est logique compte tenu des éléments dont dispose la personne à l'instant **t**.

La PNL **ne cherche pas** à savoir si ce qui s'est passé était vrai ou faux, justifié ou pas.
Elle pose d'autres questions :
- Cela aurait-il pu se passer autrement ?
- Comment aurait-il fallu que cela se passe pour que ce soit aidant ?
- Aurait-il été possible de conclure autre chose ?

Une petite fille (Marie) dessine sur la table du salon, elle semble concentrée. À côté, sa mère parle avec des amis et avoue qu'elle n'avait pas désiré la naissance de Marie. Elle se souvient : « Quand elle est née, je n'ai pas pu la prendre dans mes bras ; il m'a fallu plusieurs mois avant d'y parvenir ». Marie a tout entendu, elle s'est fabriqué un souvenir qu'elle m'a décrit avec des détails surprenants. Ce vrai faux souvenir va la marquer toute sa vie. J'ai travaillé avec ce vrai faux souvenir en utilisant une technique décrite dans ce livre : le changement d'empreinte.

Nos souvenirs étant des constructions, la PNL propose de revisiter ces constructions, de les travailler à la lumière du présent, compte tenu de toutes les acquisitions et d'examiner quels impacts ces nouvelles constructions vont avoir sur notre futur, ce sont les techniques régressives.

S'il y a bien eu une scène d'origine, il aurait bien pu y avoir plusieurs interprétations toutes aussi possibles les unes que les autres. Cette scène d'origine aurait très bien pu être différente, voire ne pas exister.

Richard Bandler et John Grinder écrivent dans leur livre « les secrets de la communication » (1979) :
« Votre histoire sert de fondation à toutes vos capacités et à toutes vos limitations. Dans la mesure où vous n'avez qu'une seule histoire, vous avez seulement un jeu de possibilités et un jeu de limitations, et nous croyons vraiment que chacun d'entre nous mérite davantage qu'une seule histoire personnelle sur laquelle s'appuyer. Plus vous avez d'histoires personnelles, plus vous avez le choix ».

Voyage dirigé dans le temps.
À la reconquête de son passé.

Notre présent, nos pensées, nos émotions, nos comportements sont influencés par notre passé. Faire abstraction de notre passé est rarement une bonne idée, un jour ou l'autre, il nous rejoint et pas nécessairement au bon moment et au bon endroit. Un travail sur notre passé s'il présente des blessures est une bonne chose.

On ne peut pas faire abstraction de son passé...
en revanche, on peut le travailler,
se le réapproprier.

Une technique régressive consiste à voyager mentalement dans le passé, généralement dans le but de réévaluer une scène marquante qui a influencé notre vie. Ces influences laissent des empreintes similaires aux météorites qui ont frappé la lune, créant ainsi des cratères qui témoignent de leur passage.

Certains événements marquants de notre passé nous ont conduits à faire des **déductions généralisées : des croyances**.

Dans le cadre des croyances, il s'agit par exemple de donner une autre interprétation ou bien d'imaginer **une scène qui se déroule différemment** de celle d'origine et qui, du coup, est à l'origine d'autres croyances.

~

Remarque.

Nous pouvons également retourner dans le passé pour aller chercher **des ressources**, ce sera la première technique exposée.

~

Le terme de régression.

Il est impropre puisque, si la scène s'est passée à l'âge de six ans, on ne demande pas à la personne de se comporter comme un enfant de six ans, de penser, de parler et d'agir comme un enfant de six ans.

Bien au contraire puisque nous pouvons par exemple demander à la personne :

— *Quelles conclusions aviez-vous tirées lors de cette scène ancienne ?*

Puis :

— *Compte tenu **de vos connaissances et ressources actuelles**, quelles autres conclusions auriez-vous pu tirer ?*

(Sous réserve que la personne, enfant, eût la possibilité de le faire).

~

Importance des techniques régressives dans le changement de croyances.

Des croyances importantes se sont mises en place dans notre enfance. La carte* du monde d'un enfant est en pleine construction.

Les enfants intègrent avec facilité, pour le meilleur comme pour le pire, des croyances par simple modélisation de leurs parents ou de personnes qui étaient importantes pour eux, c'est-à-dire avec qui ils sont liés émotionnellement (nourrice, institutrice...).

L'esprit critique de l'enfant n'est pas encore développé. Les pensées infantiles ont parfois débouché sur des conclusions erronées.

Les croyances venant de notre enfance sont importantes, car les croyances à venir devront être en cohérence avec celles déjà présentes.

La carte du monde est la manière dont la personne se représente le monde.

~

Notre passé influence notre présent et notre futur.
Si nous en restons à cette idée, que le passé influence le présent et que le présent influence notre futur, nous pourrions penser que tout est joué et que les « dés sont jetés ».
Je peux vous affirmer que rien n'est figé.

~

RIEN N'EST FIGÉ

~

Jean-Pierre, au moment où nous réalisons la technique, avait vingt-cinq ans. À cinq ans, il apprend à faire du vélo, et commence à bien se débrouiller.
Il est fier de lui, même très fier de lui. Il passe devant un groupe d'adultes. Il lui vient l'idée de faire une démonstration

L'impact psychologique sera important à cause du différentiel entre ce qui était attendu (fierté) et ce qui va en résulter (sensation de ridicule, honte).

Cet incident laissera des traces psychologiques.

Jean-Pierre a tiré de son expérience certaines conclusions qu'il a généralisées (croyances) :

- La première : c'est humiliant d'être la risée des autres.

- La deuxième : tant que l'on n'est pas sûr de soi, il ne faut pas montrer ce que l'on fait.

- La troisième : les gens sont méchants.

Ces croyances sont devenues un réel handicap dans sa vie professionnelle.

J'ai décidé de faire un changement d'histoire de vie (CHV), technique que nous découvrirons plus loin, car l'émotion était assez importante.

~

- Activation de la croyance.

Chaque fois que Jean-Pierre se trouve dans une situation similaire (stimulus), les croyances agissent et du coup, il évite de se mettre en danger (mécanisme d'évitement).

Jean-Pierre, par peur, attend d'avoir la maîtrise totale de ce qu'il fait avant de montrer son travail. Il a donc, à la suite de cet incident, mis en place des croyances et des règles de comportement pour se protéger.

~

- Règles de comportement.
Les règles de comportements conduisent à la mise en place
de comportements automatiques, la décision est généralisée...

Rappelons que les croyances se forment lorsqu'une émotion
intense est ressentie, lorsqu'il y a répétition, ou lorsque ces
deux facteurs se combinent. Les émotions sont de véritables
engrais pour la formation des croyances.

Jean-Pierre a mis en place un **comportement d'évitement**.
Lorsque dans un contexte spécifique, il ne peut pas mettre
en place le comportement d'évitement, alors il ressent une
émotion limitante. Il perd ses moyens et renforce son risque
d'échec et donc de moquerie... L'événement d'origine peut
alors se reproduire et c'est un vrai calvaire pour lui.

~

Retourner dans le passé, au moment de la mise en place des
croyances, va permettre de les changer.
Les techniques régressives sont des techniques extrêmement
puissantes pour « tordre le cou » des croyances néfastes.

~

Remarques :
L'expérience d'origine est constituée de **faits bien réels**,
par exemple un enfant reçoit une gifle... c'est bien réel, et
d'éléments subjectifs : interprétations, croyances, états
internes.

Exemple de mauvaise interprétation :
*Une de mes stagiaires avait reçu à l'âge de cinq ans une
gifle de sa maman, elle en avait déduit que sa maman ne
l'aimait pas.*
*Elle a découvert que la gifle était due au fait qu'elle était
très turbulente au bord de la route. Sa maman avait cru
qu'elle allait traverser la route sans regarder.*

Même si le geste était inapproprié, ça n'était pas un geste de désamour, nous pouvons même le considérer comme un geste d'amour.

L'interprétation était erronée, cette découverte a tout changé.

De la même manière, il est légitime de s'interroger, à la lumière de ce que nous sommes devenus, si l'enfant que nous étions a eu, dans un contexte donné, le comportement le plus approprié.

Un souvenir est une construction mentale fabriquée à partir des éléments dont nous disposions étant enfant, la PNL propose d'introduire du choix.

Exemple :

Un enfant pose une question considérée comme inappropriée par son instituteur. Celui-ci va réagir en humiliant l'enfant devant toute la classe.

L'enfant va tirer une conclusion qu'il généralise (croyance). Elle va impacter toute sa vie : « **C'est dangereux de prendre la parole en public** ».

La PNL propose à l'adulte de revenir sur l'événement et de le réévaluer ou de proposer un autre comportement.

~

CONCLUSION.

Chaque matin, lorsque nous nous levons, nous ne commençons pas une nouvelle vie, notre **présent est teinté** par notre passé. <u>Vous pouvez modifier la manière dont votre passé teinte votre présent.</u>

Quant à notre futur, il sera influencé par ce que nous sommes, c'est-à-dire par tous les événements qui nous ont façonnés. **Vous pouvez agir pour modifier votre futur.**

À la suite d'un événement, nous avons tiré des conclusions que nous avons parfois généralisées (croyances).
Les techniques régressives permettent en retournant dans le passé de revisiter les croyances et du coup d'annuler les décisions néfastes de comportement.

~

Accéder à ses ressources sur la ligne de temps.

Les principes.

Nous envisageons généralement les techniques sous l'angle de la réparation. Cependant, nous pouvons également aller chercher des **ressources dans le passé**.
Nous allons symboliquement commencer par cette technique.

C'est ce que nous faisons lorsque nous faisons quelque chose pour la première fois et que nous avons à l'esprit nos réussites du passé.

Nos réussites passées ont nourri notre confiance en nous. C'est parce que nous avons confiance en nous que nous progressons.

~

*Chercher des ressources dans le passé, mettre en relief de bons souvenirs, c'est aussi **se réapproprier son passé** et prendre un nouveau départ.*

~

Ressources au sens PNL.
Nous avons **beaucoup plus de ressources que ce que nous croyons**. Nous allons aller les chercher.

Les ressources sont les éléments que nous possédons **intrinsèquement** et qu'une personne peut mobiliser pour atteindre un objectif. On peut aussi **acquérir de nouvelles ressources**, c'est tout l'objet de la PNL

~

Moyens et ressources.
Au sens PNL du terme, une **ressource est un état interne** (sensation ou émotion). Pour certains auteurs, une croyance (aidante) peut également être une ressource dans la mesure où la croyance est rattachée à un état interne.

Apprendre l'anglais est un moyen pour développer une activité, se sentir capable d'apprendre est une ressource. La motivation est une ressource.

Une technique PNL n'est donc pas une ressource, c'est un moyen. Elle permet cependant d'acquérir cette ressource : techniques de gestion des états internes (Livre Formation PNL niveau II) ; technique de changement de croyance ; générateur de comportement nouveau...

Un état interne (EI) est une ressource.
Une personne doit prendre la parole en public.
- Elle a le trac, **c'est un symptôme**, c'est-à-dire la manière dont le problème se manifeste.
- À l'origine de son problème, une mauvaise expérience. Étant enfant, elle a été humiliée en classe lorsqu'elle a pris la parole **c'est la cause**.
- Pour prendre la parole, elle a besoin de retrouver sa confiance en elle (ressource).

- Elle peut acquérir cette confiance en elle avec une technique PNL, c'est le moyen.

En PNL, un état interne (EI) désigne une sensation ou une émotion.

Une croyance (aidante) est-elle une ressource ?
Au sens PNL, c'est discutable. Si une personne croit qu'elle est capable de réussir, elle augmente ses chances de réussite. Une nouvelle croyance pourrait être une ressource, mais on n'ancre pas une croyance qui est un processus cognitif, cependant, on pourra ancrer l'EI associé à la croyance.

Une ressource peut venir du passé, du présent ou du futur.
La fierté éprouvée lors d'une précédente réussite est une ressource issue du passé.
La confiance en soi est une ressource du présent.
La joie qu'imagine une future maman en pensant à son bébé à naître est une ressource qui vient du futur et qui l'aide à vivre le dernier mois de grossesse.

Remarque.
Une capacité est un moyen, ainsi que le comportement qu'elle permet, tout comme une technique.

~

La technique.

Philippe est chef d'entreprise, il souhaite apprendre l'anglais pour développer son activité à l'export. Il est conscient qu'il en a les capacités et que c'est important pour son projet. La motivation lui manque pour commencer. Pourtant, Philippe est une personne volontaire.

L'être humain a la capacité de voyager mentalement dans l'espace et le temps.

Au cours de notre existence, nous avons connu de nombreuses réussites. Celles-ci ne nous laissent pas indifférents. Les émotions que nous avons ressenties lors de ces succès sont de précieuses ressources que nous avons la capacité de mobiliser et sur lesquelles nous pouvons nous appuyer pour avancer.

Le travail sur la ligne de temps consiste à accéder à ses ressources situées dans le passé ou le futur et à les "ramener" à la conscience et au présent.

~

Définir clairement l'objectif ou le projet.

Ce qui se conçoit bien s'énonce clairement, et les mots pour le dire arrivent aisément.
Nicolas Boileau.

Si vous ne pouvez pas écrire votre objectif ou votre projet en 5 à 10 lignes… alors, il faut revenir dessus, il n'est pas assez clair dans votre esprit.

Un objectif (voir pour plus de précision le livre Formation PNL Niveau I) doit répondre aux questions :

— *Que voulez-vous ? (Formulation positive).*
— *Est-ce que cet objectif dépend de vous ?*
— *Que va-t-il vous apporter d'important ?*
— *À quoi saurez-vous que votre objectif est atteint ?*
— *Y a-t-il des inconvénients ?*
— *Y a-t-il des obstacles ?*

Un projet quant à lui est plus complexe à explorer, on utilisera les six niveaux logiques de l'adaptation et du changement : l'environnement, les comportements, les compétences, les croyances et les valeurs, l'identité et enfin la vision. (Livre formation PNL niveau I tome 2).

~

Mise en place du rapport.
Rappelons que le rapport est une relation de confiance, de respect et de sécurité.

~

Expliquer le déroulement de la séance.
Il est important que vous expliquiez ce qui va se passer pendant la séance... les grandes lignes :
« Durant cette séance, nous allons utiliser « un outil » très simple que l'on appelle la ligne de temps. Nous allons imaginer que nous disposons sur le sol une ligne qui symbolise votre vie. Vous me direz où vous placez votre présent, votre passé est le futur. Lorsque nous sommes sur cette ligne, vous vivez la situation comme si vous y étiez... jusqu'à ressentir les émotions. En dehors de cette ligne imaginaire, nous allons placer une feuille que nous appelons méta. Lorsque nous sommes sur cette feuille, vous prenez du recul, vous ne ressentez pas les émotions. C'est là que nous analyserons la situation. Sur cette ligne, nous allons chercher des ressources. Une ressource est une émotion positive, aidante que vous avez ressentie et dont vous avez besoin au présent. Pour ramener cette ressource au présent, nous allons utiliser une autre technique que nous appelons l'ancrage ».

~

Expliquer au sujet ce qu'est l'ancrage (voir en annexe).
L'ancrage est une technique simple qui consiste à créer une ancre. Il s'agit d'un mécanisme naturel qui se déclenche

Vous allez vérifier que la personne a bien compris.

Demander à la personne de montrer sa ligne de temps sur le sol.

- Où place-t-elle son passé, son présent, son futur ?
- Où place-t-elle sa position "méta" ?

Rappelons qu'il existe une infinité de positions "méta-passé" et "méta-futur". Toutes ces positions se situent sur une ligne parallèle à la ligne de temps. Le plus souvent, dans un souci de simplification, nous regroupons toutes les positions méta en "méta présent".

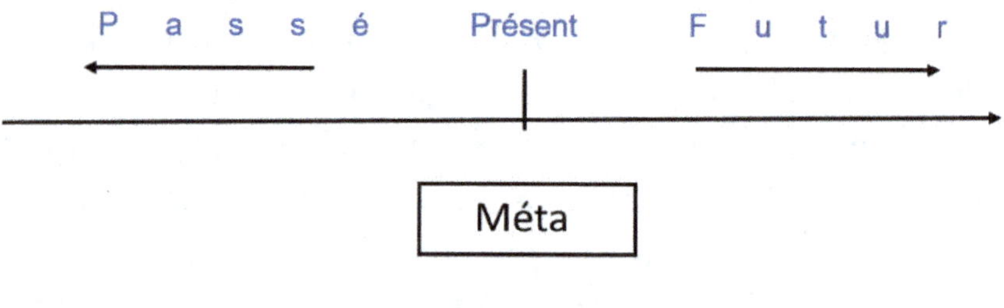

Exploration en position méta.

- Quelle est la situation actuelle, le problème (s'il y en a un) ?
- Que veut la personne à la place (l'objectif) ?
- Quand l'objectif sera-t-il atteint (OA) ?
- De quelle(s) ressource(s) la personne a-t-elle besoin ?

- Situer sur la ligne de temps la situation où elle avait cette ressource (situation ressource (**SR**). Cette situation ressource (**SR**) peut être au passé ou au futur (si elle est au présent, elle n'a pas besoin d'aller la chercher).
La personne se positionne sur la ligne de temps sans y aller, par exemple elle montre du doigt une zone qu'elle nomme (nous l'appellerons par convention **SR**).
- Situer sur la ligne de temps (en montrant) à quel moment son objectif sera atteint (objectif atteint, **OA**).

~

La personne s'associe à son objectif (O).
Elle va sur la ligne de temps au présent et énonce son objectif.

~

Les ressources.
La personne désigne sur la ligne de temps où se trouve la ressource dont elle a besoin (**SR**). Cette ressource était présente lors d'un événement (par exemple, confiance en soi lors d'une prise de parole en public réussie). Elle se positionne sur la situation ressource et s'y associe)

~

Demander à la personne de vivre l'événement et ancrer*.
** Voir l'ancrage en annexe, on pratique ici un ancrage kinesthésique.*

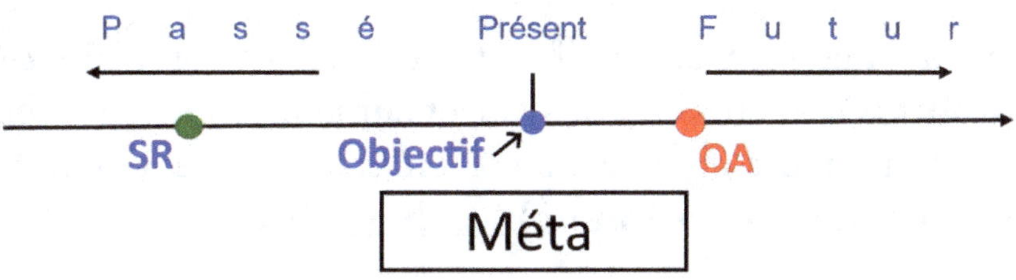

Ramener les ressources au présent.

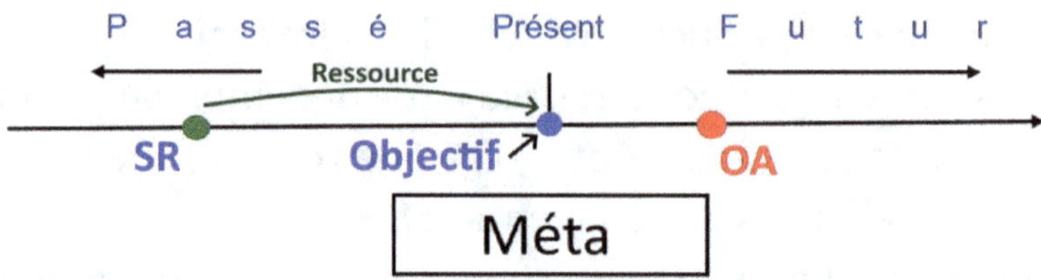

Tout en maintenant l'ancre, revenir au présent. Tout se passe comme si l'émotion était « attachée » à la personne.

Lorsque la personne se trouve au présent, elle est associée à son objectif par l'ancre spatiale que constitue la ligne de temps et à sa ressource avec l'ancre kinesthésique.

Vérifier que tout se passe bien pour la personne.
Peut-être a-t-elle besoin d'une ressource supplémentaire, dans ce cas, on ira la chercher selon la même procédure.

Pont vers le futur.

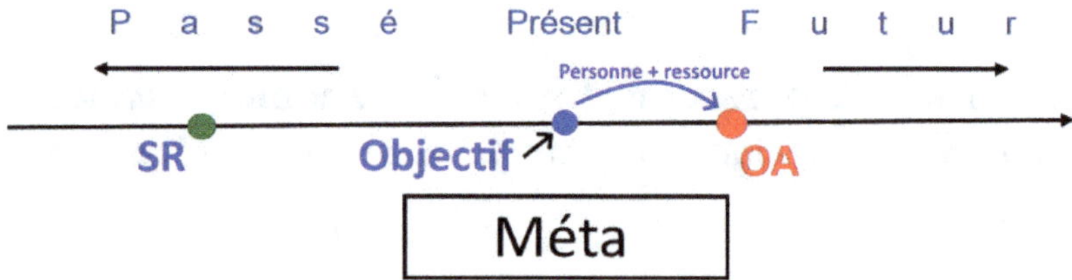

La personne regarde vers le futur et imagine son **objectif atteint (OA)**. Puis elle va avancer sur la ligne de temps en intégrant que son objectif est en train de se **réaliser jusqu'à la destination : objectif atteint**.

Nous retrouvons l'équation (bien qu'incomplète) :

Objectif + ressource = Objectif réalisé.

Remarque :
Certaines personnes ressentent la certitude de réussir (ressenti = ressource).
Elles peuvent le formuler sous forme d'une croyance :
« Je suis certain de réussir ».

Conclusion.
Cette technique est extrêmement simple.
Lorsque vous l'aurez réalisée une ou deux fois, vous pourrez la dérouler avec facilité.
Elle est construite sur un mécanisme naturel. Ce que fait la PNL, c'est tout simplement de décomposer en différentes étapes ce mécanisme naturel.
C'est parce que j'ai déjà écrit plusieurs livres que je sais (croyance) avec certitude (sensation) que je suis capable d'écrire un nouveau livre...

~

Récapitulatif de la technique : Accéder à ses ressources sur la ligne de temps.
Principe de la technique.
Définir clairement l'objectif ou le projet.
Mise en place du rapport.
Expliquer le déroulement de la séance.
Expliquer au sujet ce qu'est l'ancrage (voir en annexe).
Demander à la personne de montrer sa ligne de temps sur le sol.
Exploration en position méta.
La personne s'associe à son objectif (O).
Les ressources.
Demander à la personne de vivre l'événement et ancrer.

Ramener la ressource au présent.
Vérifier que tout se passe bien pour la personne.
Pont vers le futur. (Objectif + ressource = Objectif réalisé).

~

La redécision sur la ligne de temps.

Julie n'aime pas se baigner, elle a toujours évité les baignades. Elle n'est pas phobique de l'eau, elle éprouve une crainte qu'elle maîtrise. Aussi loin qu'elle y repense, elle a toujours été comme ça. Aujourd'hui, elle a un petit garçon qui la sollicite pour aller dans l'eau. C'est un problème pour elle.

Généralités.

Tout au long de notre vie, à la suite d'expériences que nous avons personnellement vécues : nous avons fait des **déductions**, parfois, nous avons mis en place des **croyances** à la suite de quoi, nous avons pris des **décisions**.

*Les conclusions d'un jour
peuvent devenir des "guides" pour toujours!*

Indications.

Cette technique est utilisée lorsque **la personne est en mesure de prendre du recul**, c'est-à-dire lorsqu'elle n'est pas fortement impliquée émotionnellement. Donc lorsque nous sommes en présence d'un **état interne d'intensité modérée (maîtrisable)**.

Une décision a été prise avec une compréhension enfantine.

Les décisions ont été prises dans le passé en fonction des

éléments dont nous disposions à l'époque... et surtout, **elles n'ont pas été réexaminées**.

Les décisions ont été prises à la suite d'une expérience **émotionnellement forte** ou à la suite **d'expériences répétées**. Elles répondent **à une injonction** le plus souvent inconsciente : « Je ne veux plus revivre ça... ou je veux éviter ça... ».
Des décisions prises à l'âge de 8 ans en fonction de notre monde d'enfant continuent à impacter sur notre vie d'adulte :

*Nous continuons à agir chaque jour
en fonction de décisions prises dans le passé à
partir de déductions enfantines.*

La PNL propose de revisiter ces anciennes décisions, sous réserve qu'elles soient limitantes et sous réserve également qu'elles ne nuisent pas à la personne (on parle d'écologie (voir en annexe).

Changer une croyance limitante.
La redécision sur la ligne de temps est une technique de <u>changement de croyance</u>.

Un travail sur l'interprétation.
Avec la redécision sur la ligne de temps, nous allons travailler sur l'interprétation de la situation :
- Aurait-il été possible de déduire autre chose ?
- Du coup, qu'aurait-on pu déduire d'autre ?

- Si nous avions interprété différemment la situation, la croyance mise en place a-t-elle du sens ?
- Quelle autre croyance aurait-elle pu voir le jour ?

~

La redécision sur la ligne de temps est très intéressante dans les cas suivants :
- Une personne, en toute cohérence interne, manifeste par son comportement des croyances incompatibles avec sa supposée carte du monde.

- La personne était trop jeune pour comprendre ou n'avait pas, compte tenu de son âge, tous les éléments nécessaires à la compréhension de la scène d'origine.
- Séquelles de croyances culturelles installées dans l'enfance (racisme, discrimination...).

- Un changement d'expérience d'origine n'est pas envisageable, les faits ne dépendent pas de la personne qui les a vécus. Le changement d'expérience d'origine est ce que nous ferons dans le changement d'histoire de vie ou le changement d'empreinte.

~

Les conditions :
- La personne sent qu'il y a un problème.
- La personne considère son comportement final inapproprié.
- La personne est demandeuse et souhaite changer.

~

Technique.

Cette technique, comme toutes les autres, peut être utilisée tant dans un cadre de coaching que dans un contexte thérapeutique. Pour faciliter la compréhension, la personne qui accompagne est nommée le "**coach**", ou le guide, et la personne qui est accompagnée sera désignée comme le "**coaché**". Cette distinction aide à clarifier les rôles et la dynamique de la relation d'accompagnement.

Comme précédemment, placer en imagination sur le sol la ligne de temps en désignant où se trouve le présent, le passé, le futur et enfin la position méta.

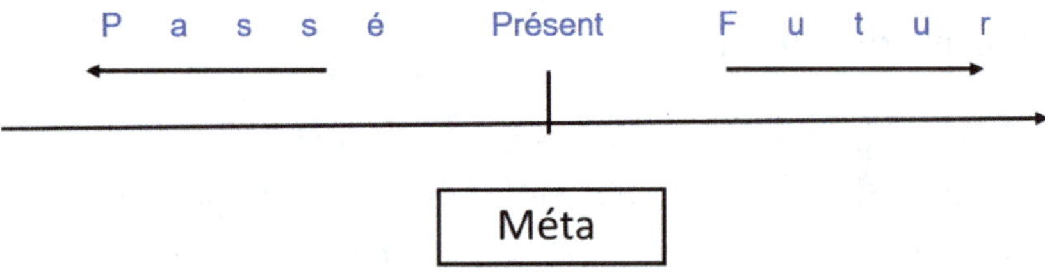

Créer le rapport.
La mise en place de cette relation de confiance, de respect et de sécurité est le **préalable à toute technique**.

Poser le cadre.
Rédigez en une dizaine de lignes, les explications que vous donneriez à une personne que vous accompagnez. Les explications doivent porter sur **les points essentiels**, être concises, compréhensibles pour une personne qui n'a aucune connaissance en PNL.

┌─────────────────────────────────────┐
│ **Rédaction.**   │
│   │
│   │
│   │
│   │
│   │
└─────────────────────────────────────┘

Identifier le couple croyance-décision* :
La personne se place **en méta** et exprime son problème.
— Je ne me baigne pas.
C'est le comportement que la personne veut changer.
— Pourquoi ne vous baignez-vous pas ?
— Je considère cela dangereux (croyance), donc je ne me baigne pas (la décision est sous-entendue : « J'ai pris la décision ») et cela influence le comportement d'évitement.
— Depuis longtemps ?
Cette question nous permet de savoir **si nous allons faire une technique régressive.**
— Oui, très longtemps.

Rechercher une situation récente problématique.
Invitez la personne (en méta) à identifier un moment sur sa ligne de temps correspondant à une situation où elle a décidé de se baigner et a ressenti du désagrément.
Elle montre un point correspondant au « week-end à la mer, il y a un mois ».

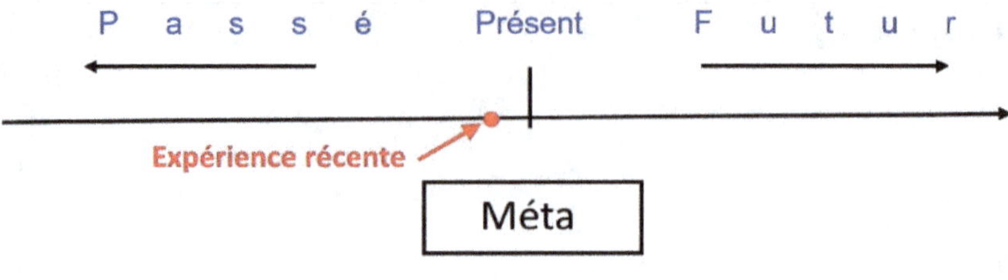

~

Ancrer l'EI négatif sur la ligne de temps.
La personne se place sur la ligne de temps au niveau de l'expérience récente. Elle s'associe à cette expérience, c'est-à-dire qu'elle revit l'expérience et éprouve les mêmes émotions et sensations. À cet instant, on réalise l'**ancrage kinesthésique.**

« Voyage » sur la ligne de temps jusqu'à l'événement le plus ancien.
Le guide, **tout en maintenant l'ancre,** accompagne la personne (le coaché) jusqu'à une situation ancienne où il a mis en place sa croyance-décision. **C'est donc la <u>situation d'origine</u>.**

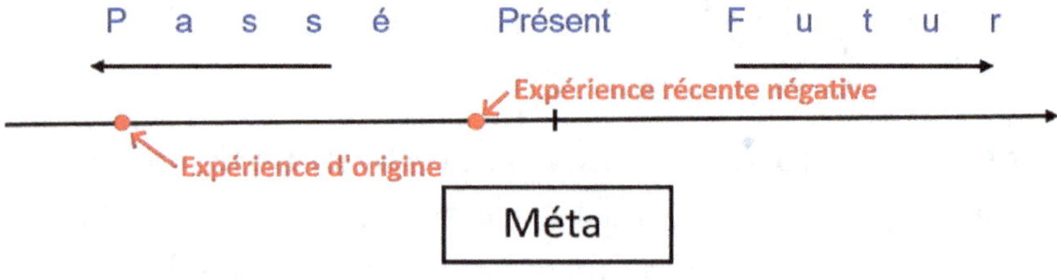

Lorsqu'il est sur la position ancienne, il laisse revenir le plus de détails possibles sur cet événement et il éprouve les sensations/émotions en rapport.

Supposons par exemple que la personne ait assisté à un début de noyade et que ses parents lui aient dit : « Tu vois ce qui se passe, la mer c'est dangereux ». Elle va voir tout ce qu'il y avait à voir, à entendre… et ressentir les émotions et les sensations qu'elle a éprouvées.

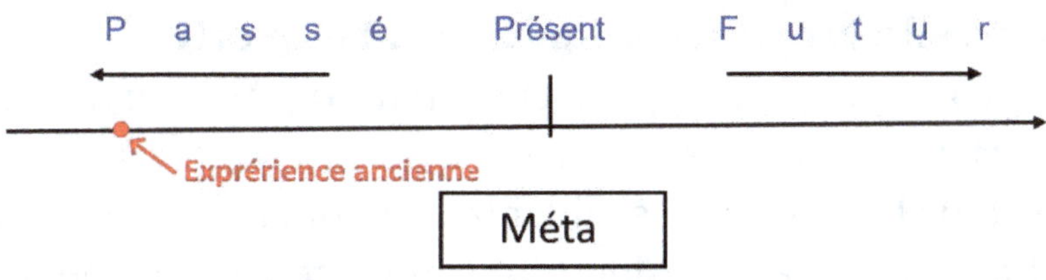

Réflexions en position méta.

La personne décrit la situation d'origine : âge, lieu, circonstances, protagonistes éventuels (dans cet exemple les parents).

Rechercher la **croyance** mise en place : «La mer c'est dangereux ».

La **décision de comportement** qui en a découlé : éviter de se baigner.

<u>En méta,</u> reconsidérer la chaîne : expérience-croyance-décision.

Le guide aide la personne (le coaché) à réfléchir sur la pertinence de la décision.

Un bon point de départ consiste à convenir que, compte tenu des circonstances, des éléments dont la personne disposait et de son âge (à l'époque), ce qu'elle a conclu était cohérent. Il s'agit dans le cas présent d'éviter tout jugement dévalorisant.

Riche de toutes les ressources actuelles, de la maturité de la personne aujourd'hui, quelle aurait été la conclusion la plus appropriée, la plus aidante et prometteuse pour l'avenir.

Dans notre exemple, ça pourrait être : quand on ne sait pas nager, il faut mettre une bouée ou être accompagné d'un adulte.

Énoncé de la nouvelle croyance.
La nouvelle croyance pourrait du coup être :
« La mer n'est pas dangereuse quand on prend des mesures élémentaires de sécurité ».
Cette nouvelle croyance est aidante... ou tout au moins n'est pas limitante. La décision de comportement devient :
« Aller se baigner en étant prudent ».

Vérifier l'écologie du changement proposé.
On vérifie l'écologie du système : l'enfant et son environnement de l'époque, l'adulte d'aujourd'hui et son environnement.
Cette étape répond à la question :
— Y a-t-il un inconvénient ou une dangerosité quelconque à adopter cette nouvelle croyance, cette nouvelle décision ?

Remarque.
En cas de besoin, la personne peut aller chercher des ressources sur la ligne de temps. Elle utilisera alors la technique : « Accéder à ses ressources sur la ligne de temps » vue précédemment.

Installation sur la ligne de temps.
La personne retourne sur la ligne de temps, au moment de la scène d'origine.
Le coach lui demande de s'associer à la nouvelle situation, **il ancre** et laisse à la personne le temps nécessaire pour vivre la situation avec la nouvelle croyance, la nouvelle décision et donc le nouveau vécu.

Le coach ou le thérapeute demande à la personne d'énoncer sa nouvelle croyance et sa nouvelle décision.

Remontée de la ligne de temps.
La personne, associée, remonte la ligne de temps.
Le coach maintient l'ancre.
La personne (éventuellement les yeux fermés), en contact avec tous les changements bénéfiques, remonte la ligne de temps jusqu'au présent en reconsidérant ses souvenirs à la lumière de ses nouvelles acquisitions.

Arrêt de l'ancrage.
Lorsque la personne est arrivée au présent, le coach cesse d'ancrer.

Pont vers le futur.
Dans la plupart des techniques, on réalise un pont vers le futur afin de consolider le résultat obtenu.
La personne imagine les effets produits dans le futur par ce remaniement.

** S'il y a plusieurs couples croyance-décision, chacun sera traité séparément.*

Conclusion de la redécision sur la ligne de temps.
Dans le passé, à la suite d'un événement, une conclusion a été formulée. Cependant, cette conclusion n'était pas la seule envisageable ; d'autres alternatives auraient pu être plus favorables à la personne. Le but de cette technique est d'identifier ces conclusions alternatives et d'évaluer laquelle serait la plus plausible, en tenant compte des enjeux écologiques et des éventuels inconvénients.

Récapitulatif de la redécision sur la ligne de temps.
Créer le rapport.
Poser le cadre.
Identifier le couple croyance-décision.
En <u>méta</u>, rechercher une situation récente problématique.
Ancrer l'EI négatif sur la ligne de temps.
« Voyage » sur la ligne de temps jusqu'à l'événement le plus ancien.
Réflexions en position méta, reconsidérer la chaîne : expérience-croyance-décision.
Énoncé de la nouvelle croyance.
Vérifier l'écologie du changement proposé.
Installation sur la ligne de temps.
Remonté de la ligne de temps.
Arrêt de l'ancrage.
Pont vers futur.

~

Le changement d'histoire de vie (CHV).

Cette technique se réalise en face-à-face
sans utiliser la ligne de temps.

Frédéric est ingénieur chimiste dans une grande société pétrolière. Bien qu'il soit l'expert de la société, il est terrifié à l'idée de prendre la parole lors d'un grand congrès... ça a toujours été comme ça ! Cette prise de parole se déroule dans deux semaines. On va retrouver l'origine de cette peur... elle est très ancienne. Frédéric ne comprend pas les raisons parce que par ailleurs, il est tout à fait à l'aise pour parler devant deux ou trois personnes.

Le changement d'histoire de vie (CHV) est une technique majeure de la PNL, probablement une des premières techniques. Le changement d'histoire de vie n'utilise pas la ligne de temps, elle peut cependant très bien être réalisée avec cet outil. Elle est également appelée Restructuration d'Histoire de Vie (RHV), je préfère le terme changement au terme restructuration qui me semble un peu inquiétant. Plusieurs versions de cette technique existent (j'en ai recensé six).

Cette technique de changement de croyances agit au **niveau comportemental** et va entraîner **un changement de croyance**, ce qui l'oppose à la redécision sur la ligne de temps où nous agissons au niveau de l'interprétation, donc cognitif.

~

Un nom mal choisi.

Quel que soit le nom : changement d'histoire de vie ou restructuration d'histoire de vie, le nom de la technique n'est pas très heureux. Deux noms qui peuvent faire peur, et qui sont beaucoup trop généralisés, on ne change pas l'histoire de vie d'une personne (fort heureusement). Nous proposons simplement de donner une autre version de la scène à l'origine de la mise en place d'une croyance qui s'était fortifiée au fil du temps. À aucun moment, nous n'effaçons la scène d'origine, nous n'en avons d'ailleurs pas la possibilité, nous montrons que **cela aurait pu se passer autrement**.

Il s'agit de travailler **sur un élément dysfonctionnel**. J'entends par dysfonctionnel quelque chose qui vous gêne, vous limite, vous nuit et donc à réparer... si vous en éprouvez l'envie. La première question à poser est donc :

— Si vous en aviez la possibilité, aimeriez-vous changer cet aspect de votre vie ?

~

Technique.

Dans certaines circonstances, nous ressentons un état interne désagréable (émotion ou sensation), lorsque nous avons quelque chose de particulier à faire.

Frédéric est ingénieur chimiste chez TOTAL, il éprouve un stress important lorsqu'il doit prendre la parole en public. Il doit prendre la parole devant une assemblée de deux cents personnes dans quinze jours.

~

Carole est la coach

~

Créer le rapport.

Comme pour toutes les techniques, cette relation de confiance, de respect et de sécurité permet d'obtenir la coopération de la personne.

Poser le cadre.

Il est important pour la personne de savoir où nous allons. En communiquant des informations à la personne sur la manière dont la séance va se dérouler, nous créons de la sécurité. Chacun d'entre nous craint l'inconnu, c'est une des caractéristiques de l'espèce humaine.

Expliquer en une dizaine de lignes ce qui va se dérouler durant cette technique. Les explications portent sur les points essentiels, sur les grandes lignes. Il est important de rassurer la personne qui peut avoir quelques craintes comme celle de ne pas réussir.

Carole s'adresse à Frédéric.

*Je vais vous donner quelques informations, d'abord, je voudrais vous dire que c'est **une technique simple et facile** à mettre en place. Vous n'aurez **rien à faire** dans la mesure où je vais vous accompagner pas à pas.*

*Nous allons en quelque sorte remonter **mentalement** dans le temps pour retrouver trois ou quatre expériences au cours desquelles, vous avez pris la parole en public et au cours desquelles cela s'est passé comme vous me l'avez décrit au départ (**À noter que je ne dis pas au cours de laquelle ça s'est mal passé**).*

*Pour retrouver ces situations anciennes, nous allons faire comme si nous avions une machine à remonter le temps. Cette machine fonctionne **tout simplement** grâce à votre émotion.*

Pour pouvoir « voyager mentalement dans le temps », je vais vous aider à retrouver votre « émotion fil rouge » à chaque étape grâce à une technique que nous appelons l'ancrage. Cette méthode est simple, et je vais vous l'expliquer avant de la mettre en pratique.

Nous allons faire des bonds dans le passé de plusieurs années 5 à 10 ans, jusqu'à la situation qui semble être la plus ancienne.

Pour chacune des expériences, je vous poserai à chaque fois quelques **questions toutes simples**

— Est-ce que cela vous convient ?
— Avez-vous besoin d'une information supplémentaire ?
Cette dernière question est une question de validation. Après quoi, nous pouvons passer à l'étape suivante.

~

Questionnement sur la situation actuelle (état présent, EP).
— Pouvez-vous me décrire la situation qui vous préoccupe ?

Frédéric décrit à Carole la situation en détail.
À la simple évocation de celle-ci, il ne se sent pas très bien. Afin de lui éviter de mal vivre sa narration, Carole l'interrompt dès qu'elle possède les informations utiles.
— Maîtrisez-vous le sujet que vous allez exposer ?
— Je le maîtrise parfaitement, dit-il.
C'est souvent le cas chez les personnes stressées par la prise de parole, elles préparent énormément leur sujet pour être rassurées… au moins de ce côté-là.
— Je suis un des experts de cette question.
— Est-ce que ce stress est dû à cette situation particulière ou est-ce fréquent ?
*— J'ai l'impression que **ça a toujours été comme ça** !*
Cette réponse est très importante, elle oriente immédiatement Carole vers une technique régressive.

~

Quel est le comportement inapproprié ?
— En quoi le fait d'être stressé est un problème pour vous ?

— Je perds mes moyens. Je suis immobile, tétanisé, je transpire, je bafouille, je m'embrouille un peu, je n'ose pas trop regarder devant moi, c'est très gênant.

~

Quelle serait la situation idéale pour la personne ?
— Comment aimeriez-vous vous sentir à la place de ce que vous décrivez ?
<u>**C'est l'objectif**</u>, il est important de l'avoir à l'esprit pendant tout le déroulement de la technique.

C'est ce que nous appelons en PNL l'état désiré.
Vous constatez que Carole ne fait pas de propositions à Frédéric, c'est lui qui doit dire comment il aimerait être.
— J'aimerais parler posément, regarder les personnes devant moi, occuper l'espace... un peu comme au théâtre.
Il est important de connaître le comportement que la personne aimerait avoir.
Vous pouvez clarifier l'objectif.

Y a-t-il des inconvénients ?
La vérification de l'écologie doit être systématique.
Soyez vigilant, parfois, la personne très enthousiaste à l'idée de voir disparaître son problème ne cherche même pas les éventuels inconvénients.
— Y a-t-il des inconvénients pour vous à avoir ce comportement ?
— Non aucun, ça n'est que du bénéfice.
— Quel est l'état interne que vous aimeriez ressentir à la place du stress pour avoir cette attitude ?
— J'aimerais ressentir un mélange de dynamisme mesuré et de confiance en moi.
— Y a-t-il des inconvénients pour vous à ressentir cet état interne ?

— Non, aucun.

*— **S'il devait y en avoir un**, lequel cela pourrait-il être ?*

— Si j'allais trop loin, je pourrais sembler arrogant. Il n'y a aucun risque de ce côté.

Reformulation de la demande.

La reformulation permet de vérifier que nous avons une bonne compréhension de la demande et de la valider.

— Entendu, donc si j'ai bien compris, poursuit Carole, ce que vous voulez, c'est parler posément, vous déplacer tranquillement sur scène un peu comme au théâtre et ressentir un état interne de dynamisme mesuré et de confiance en vous. Est-ce bien cela ?

Recherche du niveau de motivation.

En coaching, nous pouvons encourager l'envie de changement, la motivation en demandant à la personne :

— Qu'est-ce que cela vous apportera d'avoir tout cela ? ».

Ce sont les effets.

En formation, je ne le fais pas afin d'enseigner la technique la plus pure possible.

Ancrage de la sensation négative.

Je vous ai dit précédemment, ajoute Carole que j'allais pratiquer un ancrage. Lorsque vous allez ressentir le stress, je vais appuyer légèrement sur votre épaule comme si je voulais fixer l'émotion. Votre corps a une certaine mémoire, ce qui fait que chaque fois que je vais appliquer la pression, l'émotion reviendra. Soyez rassuré, ça ne durera pas au-delà de la séance.

— Où souhaitez-vous que j'exerce la pression ?

— Vous pouvez appuyer sur l'épaule.

— Très bien. Pouvez-vous penser à la situation future telle que vous l'imaginez et me faire un petit signe de la tête dès que vous ressentez cette sensation ?

Il ferme les yeux et Carole voit son visage changer.
Il fait un petit signe, Carole **ancre**.

~

Recherche des situations anciennes.
Les situations anciennes afin de ne pas trop les multiplier doivent être relativement éloignées les unes des autres (environ 10 ans, voire plus).

<u>Première situation ancienne.</u>
— Maintenant, laissez-vous guider par cet état interne et retrouvez une situation plus ancienne au cours de laquelle vous avez vécu la même chose. Dès que vous l'avez trouvée, vous faites un petit signe de la tête.
Frédéric fait un petit signe de la tête, Carole arrête immédiatement la pression et demande de donner un nom neutre à cette situation et de la décrire.
— Ça s'est passé à l'université lors de ma soutenance de thèse, c'était il y a 20 ans. Sous l'effet du stress, j'avais perdu le fil et j'ai même eu quelques trous de mémoire.
On peut l'appeler « université » **(Situation ancienne N°1 : SA1).**

<u>Deuxième situation ancienne.</u>
Carole va explorer la deuxième situation.
— Parfait, je vais ancrer à nouveau (ancre négative), Carole ancre. Remontez encore dans le temps et laissez venir un nouveau souvenir.
Vous me faites un signe dès que vous l'avez trouvé.

Frédéric fait un petit signe, Carole interrompt à nouveau l'ancrage.

— C'était au lycée, j'étais en première, je m'étais lancé un défi : être le représentant des élèves.

Cette année-là, il y a eu une grève étudiante. Et j'ai dû à plusieurs reprises prendre la parole devant de nombreux étudiants pour rendre compte des réunions avec le proviseur… j'étais terrifié à chaque fois. Je vais l'appeler « Lycée » **(SA2).**

Troisième situation ancienne.

— Entendu, répond Carole, je vais ancrer à nouveau et on fait la même chose.

Très vite, Frédéric fait un signe de la tête. Carole stoppe l'ancrage.

— J'avais 11 ans, je pense. C'était ma communion, toute la famille était réunie, nous étions à table. Mon père disait toujours : « Il faut soigner le mal par le mal ». Et du coup, il m'a demandé de faire un discours… je n'ai pas sorti deux mots. Je vais l'appeler « Communion » **SA3.**

Quatrième situation ancienne.

Il s'avère que cette situation sera la plus ancienne, la situation d'origine.

Carole annonce qu'elle va ancrer de nouveau l'ancre négative :

J'ancre et, comme d'habitude, faites-moi un signe dès que vous avez trouvé la scène. Frédéric met un peu plus de temps que précédemment et fait un petit signe de la tête.

— Je l'avais complètement oubliée. J'étais en CE2, j'étais un très bon élève, et j'en étais très fier ! J'étais amoureux, enfin… c'est un bien grand mot, d'une petite fille, tout le monde dans la classe le savait. L'enseignante demande un

volontaire pour réciter une fable de La Fontaine, je la connaissais par cœur. Je me suis levé pour frimer un peu devant la petite fille et je suis venu devant tout le monde. Dès que je me suis levé, des élèves se sont moqués de moi en chuchotant : « Il est amoureux ». J'ai regardé la petite fille, après tout, c'est pour elle que je faisais cela, elle était très mal à l'aise. J'ai eu chaud au visage. Face à la classe, j'ai perdu mes moyens, tout le monde s'est mis à rire... sauf la maîtresse. Rien ne sortait de ma bouche, elle m'a demandé de retourner à ma place. J'ai eu la honte de ma vie, j'en ai encore des frissons. On peut l'appeler « Fable » **(SA4).**

Nous avons essayé de trouver une scène plus ancienne en suivant le même protocole, nous n'en avons pas trouvé.
— La situation la plus ancienne est probablement « Fable ».
— Oui, c'est certain, curieusement je l'avais presque oublié. Pourtant, j'ai eu honte pendant assez longtemps, j'avais été très vexé.

Reformulation des différentes étapes.

Carole va reformuler ce qui a été découvert au cours de cette première étape.

— Pour résumer, vous allez prendre la parole en public dans deux semaines, et cela vous stresse. C'est une situation récurrente. Nous avons identifié quatre scènes passées où cela s'est produit, et nous leur avons donné des noms.

*- La première se déroule il y a 20 ans, c'est la scène « <u>Université</u> » (**SA1**)*

*- La deuxième se déroule il y a 30 ans, c'est la scène « <u>Lycée</u> » (**SA2**).*

*- La quatrième, vous aviez 11 ans, c'est la scène « <u>communion</u> » (**SA3**).*

*- La plus ancienne : la scène « <u>fable</u> » en CE2, vous aviez 8 ans (**SA4**).*

Est-ce bien cela ?

Il s'agit d'une demande de validation.

— Oui, tout à fait, répond Frédéric.

~

Changements au niveau des scènes anciennes.

Les scènes anciennes vont être retravaillées selon le même schéma :

<u>Question 1</u> :

— Idéalement, comment auriez-vous aimé que la scène se déroule ?

<u>Question 2</u> :

— Qu'auriez-vous pu faire pour que cela se passe ainsi ?

<u>Question 3</u> :

— Est-ce que c'est réalisable ?

<u>Question 4</u> (écologie) :

Y aurait-il eu des inconvénients si cela s'était déroulé ainsi ?

<u>Question 5</u> :

Traitement des scènes.

Carole va reprendre toutes les scènes en commençant par la plus ancienne.

— Comment la scène (fable) SA4 aurait-elle dû se passer pour que ça se passe bien ? Qu'est-ce que vous auriez pu <u>faire</u> pour que cela se passe bien ?

Nous travaillons sur le «faire», <u>sur le comportement</u> et non pas sur l'interprétation de la scène comme dans la redécision sur la ligne de temps.

— D'abord, je n'aurais pas dû regarder la petite fille, ça m'avait déstabilisé. Ensuite, faire un sourire un peu narquois aux élèves qui se moquaient ou mieux les ignorer. Peut-être également, regarder la maîtresse, ce qui m'aurait rassuré, elle m'aimait bien.

Frédéric décrit bien des comportements.

~

Remarque importante.

Nous demandons à la personne de **prendre la responsabilité du changement**.

Il y a des cas où ça n'est pas possible lorsque :

- L'enfant est **trop jeune** pour prendre la responsabilité du changement.

- L'enfant se trouve en présence d'une personne toxique, comme un parent alcoolique ou violent. Dans ce cas, la technique <u>la plus appropriée est le changement d'empreinte (ou reimprinting)</u>.

Voici un cas où nous utiliserons le changement d'empreinte :

Il serait indécent de demander à la petite fille de prendre la responsabilité du changement. Le père est responsable et coupable pour son comportement totalement inacceptable. Je vous livre une des histoires qui m'a le plus marqué.

~

Revenons à notre cas.

Vérification de l'écologie du changement et de la faisabilité.
— Y aurait-il eu des inconvénients à faire cela (écologie) ?
— Non, il y en a surtout eu de ne pas l'avoir fait.
— Est-ce que c'est réalisable ?
— Oui complètement, comme j'étais le premier de la classe, j'avais de l'aplomb.

~

Vérification de la cohérence avec l'objectif de départ.
— *Est-ce que c'est cohérent et **compatible avec votre objectif** de départ ?*
— *Oui, complètement.*
Je sentais un certain enthousiasme dans sa façon de s'exprimer.
— *Est-ce que cela ne dépend que de vous et avez-vous besoin de ressources supplémentaires pour le faire ?*
— *Ça ne dépendait que de moi et j'avais toutes les ressources nécessaires.*

Dans le cas contraire, nous aurions recherché des ressources sur la ligne de temps.

Faire revivre la scène modifiée mentalement.

Frédéric revit la scène modifiée mentalement.

— Magnifique, vous allez fermer les yeux et vous allez vivre la nouvelle scène telle que vous me l'avez décrite.

— Frédéric ferme les yeux quelques minutes.

À la calibration, tout a l'air de bien se passer. Caroline voit à plusieurs reprises des sourires sur son visage. Il ouvre les yeux.

— Alors ?

— Ça s'est très bien passé. J'ai même récité la fable que je connais encore par cœur. J'étais fier de moi, la petite fille m'a fait un sourire. J'aimerais tant par un coup de baguette magique y retourner.

— C'est ce que vous venez de faire !

~

Chacune des scènes est ensuite revisitée.

Nous avons repris toutes les scènes en suivant le même protocole. Nous posons systématiquement les questions :

— Comment la scène aurait-elle dû se passer pour que ça se passe bien ?

— Qu'est-ce que vous auriez pu faire pour que cela se passe bien ?

— Est-ce réalisable ?

— Est-ce que cela ne dépend que de vous ?

— Avez-vous besoin de ressources supplémentaires pour agir de cette manière ?

— Y a-t-il des inconvénients à procéder de cette manière (écologie) ?

— Est-ce que c'est cohérent et compatible **avec votre objectif de départ** ?

Puis la personne revit la nouvelle scène de manière associée (comme si elle y était).

Lorsque nous sommes revenus au présent, je lui ai demandé d'imaginer la future prise de parole en public.

Ponts vers le futur.

Pour terminer, je lui ai demandé de m'envoyer un mail pour me dire que ça s'était bien passé. Et nous avons fait deux ou trois autres ponts vers le futur pour d'autres prises de parole de public.

Débriefing de fin de séance.

Carole débriefe avec Frédéric :

— Bravo pour votre travail Frédéric, la séance s'est particulièrement bien passée, vous avez abordé chaque point avec objectivité, détermination et réalisme. De votre côté, comment cela s'est-il passé ?

— Très bien, de manière très fluide. Les choses sont facilitées par le fait que pour toutes les scènes, les questions sont les mêmes.

— Comment vous sentez-vous Frédéric ?

— Libéré, répond Frédéric. Chacune des scènes représentait un poids pour moi. Et découvrir que tout était un enchaînement par rapport à la première scène est important. On s'aperçoit que l'on était rentré dans une mauvaise spirale et qu'à l'inverse, j'aurais pu entrer dans une spirale vertueuse si ça s'était passé comme la scène revisitée. Merci.

— Merci à vous, Frédéric, pour la spirale vertueuse, vous y êtes maintenant.

Il est très important de savoir terminer une séance par des suggestions positives.

~

Questions des stagiaires.

Stéphanie,

— Dans la mesure où les scènes ne se sont pas réellement passées de cette manière, que c'est une invention. Qu'est-ce qui fait que ça marche ?

— Je pourrais vous répondre, peu importe, l'important, c'est que ça marche. Je vais cependant répondre de manière complète. Pour le cerveau émotionnel (système limbique), le passé n'existe pas vraiment, le passé est le présent. C'est pour cette raison que nous pleurons en pensant à un événement ancien triste ou que nous sommes joyeux à l'évocation d'un bon souvenir. Il se passe beaucoup de choses dans le cerveau lors d'un exercice comme celui-là, vous connaissez peut-être la chanson de Manau : *« L'avenir est un long passé »*. Pour le cerveau, une histoire est une histoire. Après tout, lorsque vous allez au cinéma, vous savez que les scènes sont fausses. Cependant, vous pouvez pleurer, avoir peur ou être joyeux, bien que ce soit faux, vous êtes tout simplement associé.

D'autre part, il y a une prise de conscience que finalement un tel enchaînement tient à peu de choses, la maîtresse aurait pu aussi appeler quelqu'un d'autre... nous n'avons aucune raison de nous enfermer dans une seule réaction en chaîne.

Les nouvelles histoires de Frédéric n'existaient pas dans son cerveau, maintenant de nouvelles synapses se sont mises en place et vont se renforcer. De nouveaux chemins neuronaux ont été créés, renforcés par les ponts vers le futur, ils vont se consolider par les nouvelles expériences de Frédéric.

Pendant longtemps, la PNL a validé les techniques en disant : « Ça marche donc c'est bon ». Les Américains ont ce pragmatisme qui nous fait souvent défaut. Lorsque j'étais jeune étudiant à Tuft University (Boston), j'avais un point de désaccord avec un enseignant sur une technique. Il m'a demandé d'exposer ma technique et ensuite, il a poursuivi par : « *Est-ce que ça marche ?* », j'ai répondu que « oui », alors, il m'a dit : « *C'est que c'est bon* ».

Cette expérience a changé ma vie. Je pense cependant que pour se développer, la PNL doit aller plus loin et comprendre.

Un axe de recherche qui me convient, il ne faut évidemment pas que la PNL y perde son pragmatisme.

Si l'on avait attendu de comprendre comment la pénicilline fonctionne avant de l'utiliser, nous aurions perdu vingt ans, voire beaucoup plus, car nous ne venons que de comprendre son mode d'action sur le staphylocoque aureus. Un grand nombre de découvertes scientifiques découle de la sérendipité.

~

Conclusion de la technique CHV.

Cette technique est beaucoup plus simple qu'il n'y paraît puisque nous posons **plusieurs fois les mêmes questions**, que ce soit en allant vers le passé qu'en revenant au présent. Elle donne d'excellents résultats. L'enfant ne doit pas être trop jeune au moment de la scène la plus ancienne ni être en présence de personnes toxiques. Il doit être en mesure de prendre **la responsabilité de la modification de la scène d'origine**.

Nous n'avons pas travaillé sur le sens attribué à la scène d'origine, nous n'avons pas interprété, nous n'avons travaillé que sur le comportement.

Récapitulation de la technique.

Créer le rapport.

Poser le cadre.

Questionnement sur la situation actuelle.

Quel est le comportement inapproprié ?

Quelle serait la situation idéale pour la personne ?

Y a-t-il des inconvénients ?

Reformulation de la demande.

Recherche du niveau de motivation.

Ancrage de la sensation négative.

Recherche des situations anciennes.

> <u>Première situation ancienne.</u>
>
> <u>Deuxième situation ancienne.</u>
>
> <u>Troisième situation ancienne.</u>
>
> <u>Quatrième situation ancienne.</u>

Reformulation des différentes étapes.

Changements au niveau des scènes anciennes.

Traitement des scènes.

Vérification de l'écologie du changement et de la faisabilité.

Vérification de la cohérence avec l'objectif de départ.

Faire revivre la scène modifiée mentalement.

Chacune des scènes est revisitée.

Ponts vers le futur.

Débriefing de fin de séance.

~

Changement d'empreinte.

À l'âge de 4 ans, Pierre a cassé un vase important pour son père. Furieux, celui-ci a voulu le battre. Sa maman s'est interposée et a reçu un coup de poing du père de Pierre. Cet événement a traumatisé Pierre qui s'est senti coupable malgré ses quatre ans. Trente-cinq ans plus tard, ce traumatisme a encore des effets.

Généralités.

Le changement d'empreinte, comme le changement d'histoire, est une technique de changement de croyances qui utilise comme porte d'entrée les comportements, elle se réalise sur la ligne de temps.

Les indications du changement d'empreinte.

On utilisera le changement d'empreinte lorsqu'une **décision** a été prise à la suite d'un **événement traumatique passé**.

La personne ne pouvait prendre la responsabilité du changement de comportement soit parce qu'elle était trop jeune et que le changement ne peut pas dépendre d'elle, soit parce que nous sommes en présence d'un adulte toxique ou que la personne a tendance à s'hyper responsabiliser.

** Sophie se fait gronder par sa maîtresse parce qu'elle arrive régulièrement en retard à l'école. Sa grand-mère qui l'élève la réveille trop tard pour la laisser dormir le plus possible. Sophie demande à sa grand-mère sans succès de* *la réveiller plus tôt.* **Le problème ne dépend pas d'elle.** *Sa grand-mère a besoin de ressources.*

** Julie fait trop de bruit en jouant, son père alcoolique furieux (**parent toxique**) la prend par les poignets et la maintient à l'extérieur (quatrième étage) en lui disant que si elle continue à faire du bruit, il va la lâcher.*

** Pierre a 4 ans, en jouant il renverse un vase. Son père, personnage violent, se rue vers lui avec l'intention de le frapper. Sa mère s'interpose pour protéger son enfant et reçoit un coup de poing. Pour l'enfant de quatre ans, si maman a reçu un coup, **c'est à cause de lui, il s'hyper responsabilise,** car évidemment c'est le père qui dans le système dysfonctionne. La technique « Le changement d'histoire de vie » est contre-indiquée, elle risque d'aggraver le sentiment de culpabilité. On utilisera le changement d'empreinte.*

*** *Ces histoires sont vraies*.**

Les ressources données aux autres personnes.

Les ressources seront données aux autres personnes (parents, éducateurs, adultes) qui sont intervenues dans l'événement traumatisant à l'origine de la décision limitante. De ce fait, les autres personnes présentes pourront modifier leur attitude.

La scène d'origine sera alors modifiée. Il est possible de donner des ressources aux personnes impliquées dans la scène d'origine car il ne s'agit pas des personnes réelles, mais de leurs représentations mentales.

~

Avec le changement d'empreinte, <u>on répare le système</u>.

~

Quelles ressources peut-on donner aux personnes présentes dans la scène d'origine ?

Nous allons donner les ressources donc **l'état interne** (émotion ou sensation) dont les autres personnes ont besoin pour que la scène d'origine soit différente et non traumatisante. C'est cet état interne que nous ancrons.

Voici quelques exemples d'états internes aidants : calme, sérénité, sens des responsabilités, courage...

<u>Remarque :</u>

On ne peut pas donner aux personnes de compétences techniques nouvelles ce qui ne serait pas plausible. Par exemple, si une des personnes n'a pas de compétences en informatique, lui donner ce savoir-faire ne serait pas réaliste.

~

Comment donner les ressources.

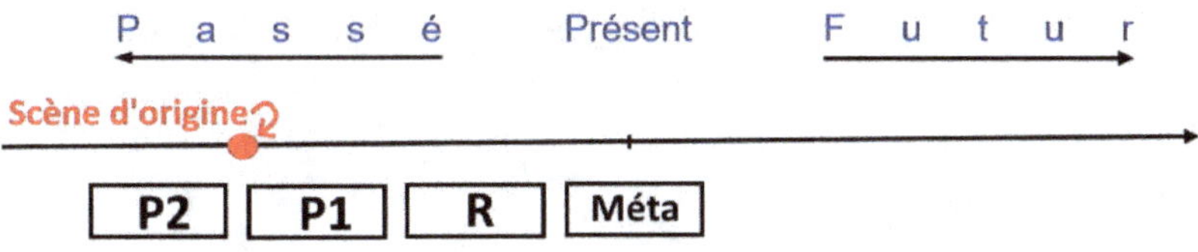

La personne que l'on accompagne sera dénommée **P1**, la personne qui dans la scène d'origine aurait eu besoin de ressources pour se comporter différemment sera appelée **P2**.

La personne qui accompagne **B** peut également s'appeler **le guide** (coach ou thérapeute suivant le contexte).
Remarque. Il peut y avoir plusieurs personnes P2.

La personne est en dehors de la ligne de temps, sur une feuille appelée méta.
Le guide lui demande de quelle ressource l'autre personne **P2** (père, mère...) aurait eu besoin pour que la scène se passe bien.
La personne **P1** va sur la feuille « ressource » **R** et s'associe à la ressource.

Le guide ancre la ressource.
Le guide demande à la personne tout en restant en contact avec la ressource de devenir l'autre personne. (P2).
B (la coach) guide "l'autre personne (P2)" sur la ligne de temps au niveau de l'événement traumatisant et lui demande de se comporter en accord avec sa nouvelle ressource.

S'il y a d'autres personnes impliquées dans la scène, et s'il est nécessaire de leur apporter des ressources, on procédera de la même manière avec chacune d'entre elles.

~

Technique.

Créer le rapport.
Le rapport est essentiel dans cette technique, qui est à fort impact émotionnel. Le sujet devra se sentir soutenu. Il est important de maintenir ce lien tout au long de la séance.

Situation actuelle : état présent.

Que se passe-t-il (<u>symptôme</u>) dans le présent qui pose un problème et qui est récurrent ?

Pierre se sent responsable de tout. S'il a invité des amis et qu'ils sont en retard, il panique. S'il leur est arrivé quelque chose, il se sentira coupable parce que c'est lui qui les a invités. Sa vie est parsemée de ce type de peur.

État désiré, objectif.

La disparition de ce symptôme présente-t-elle des <u>inconvénients</u> (écologie) ?

Que veut la personne à la place (<u>objectif</u>) ?

~

Installer la ligne de temps.

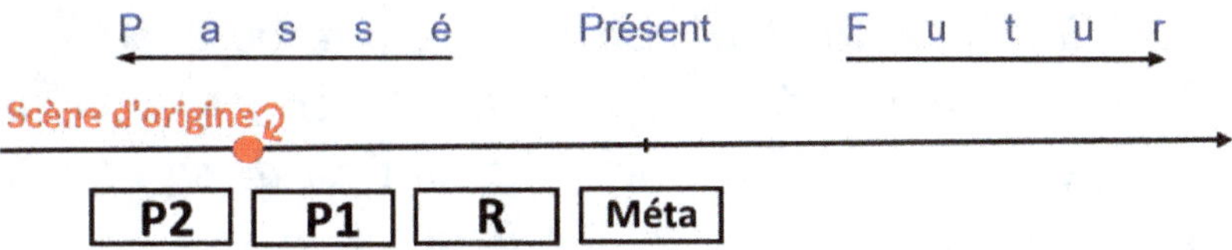

La ligne de temps : indiquer le présent, le passé et le futur. Écrire sur une feuille **méta** (zone de dissociation, prise de recul, de recherche d'informations, de réflexion…).

Écrire sur une feuille le mot **ressources**, c'est là que la personne va s'associer aux ressources.

Dans certains cas, on ajoute deux autres feuilles : Une feuille **P1** (c'est la personne que l'on accompagne), une feuille **P2**, c'est la personne qui dysfonctionne.

Certains auteurs se passent des feuilles P1 et P2. Je n'ai pas de point de vue dogmatique sur la question.

Recherche de la scène d'origine.

Pierre se place sur la ligne de temps et s'associe à une "situation problème" récente. C'est-à-dire qu'il va revoir, entendre... tout ce qu'il a perçu dans cette scène récente. Il va également **se connecter aux émotions**.

Le guide ancre l'émotion négative.

Le guide ancre l'émotion négative et accompagne la personne (ici Pierre) qui se laisse guider par son état interne négatif.

Le sujet « remonte le temps ».

Il recule sur la ligne de temps **<u>jusqu'à une scène qu'il ressent intuitivement comme étant la scène d'origine</u>**.

Dans cette scène d'origine, Pierre a quatre ans et, en jouant, il casse un vase. Il revit cet instant avec toutes les sensations, comme s'il y était à nouveau. Son père, furieux, se précipite vers lui, mais sa mère s'interpose pour le protéger. Pierre crie de peur, il voit sa mère recevoir un coup de poing. Il est convaincu que tout est de sa faute à cause du vase qu'il vient de casser, il est terrorisé.

On ne laisse pas la personne revivre la scène trop longtemps, elle est désagréable. Il s'agit simplement de faire remonter des éléments à la mémoire.

Réflexion en méta concernant la scène d'origine.

Analyse de la scène telle que la personne l'a mémorisée : où, quand, qui est présent, qui fait quoi ?

Dans le cas de Pierre, la maman avait voulu protéger son fils. Le père de Pierre voulait le punir. Le « fameux vase » était un héritage de la grand-mère de Pierre décédée il y a peu, ce qui n'excuse en rien le comportement du père de Pierre.

Comment la scène aurait-elle dû se passer idéalement ?
La personne imagine une autre scène sans traumatisme. Certes, cette scène ne s'est pas déroulée, mais si cela avait été le cas, il n'y aurait peut-être même pas eu de souvenir. Le but n'est pas d'effacer la scène réelle mais d'envisager une autre possibilité.

De quelles ressources les personnes présentes auraient-elles eu besoin ?
Dans le cas de Pierre, le père aurait eu besoin d'un état interne de calme et d'un état interne de maîtrise de soi.

La personne (B) est-elle d'accord pour les lui donner ?
On insiste sur le fait que l'autre n'est qu'une représentation mentale.

Transfert des ressources aux autres personnes présentes dans la scène d'origine.
Le guide demande à la personne (B) d'aller sur la position Ressources (R) et de s'associer à une ressource, c'est-à-dire de vivre la ressource.
— Pierre, pourriez-vous aller sur la feuille notée ressource (R), ressentir du calme et me faire un petit signe de la tête lorsque vous ressentirez du calme ?

Le guide ancre la ressource dont P2 aurait eu besoin.
Dans le cas de Pierre, celui-ci (adulte) ressent du calme... sur la feuille ressource, le guide ancre. On fera dans un second temps l'ancrage de l'état interne « maîtrise de soi ».

Tout en maintenant l'ancre, le guide demande au coaché de **devenir l'autre personne (P2).**

Le guide accompagne "l'autre personne (**P2**)" sur la ligne de temps et lui demande **de se comporter en accord avec sa nouvelle ressource.**

Dans le cas de Pierre, le père de Pierre avait besoin de deux ressources (calme et maîtrise de soi). Le « père de Pierre » retourne au niveau de « l'emplacement vase cassé » et se comporte différemment dans le calme et la maîtrise, du coup la scène se déroule autrement en imaginaire.

Retour en position méta (sur la feuille méta).
Si d'autres personnes impliquées ont besoin de ressources, on procédera de la même manière pour chacune d'elles, de même si la personne (**P1**) a besoin d'une ressource.

Dans notre exemple, la mère de Pierre a peut-être besoin d'une ressource.

~

Remaniement de la scène d'origine en position 1 (P1).
Les personnes présentes dans la scène d'origine sont en contact avec leurs nouvelles ressources.
La personne **P1** est elle-même (si nécessaire) en contact avec ses nouvelles ressources.
La personne **P1** revit la scène remaniée dans laquelle chaque personne possède les ressources utiles.

Remontée de la ligne de temps.
Tout en restant en contact avec le nouvel état interne qui résulte du changement. La personne P1 retourne à son rythme au présent alors que son conscient et son inconscient effectuent le changement.

Arrivée au présent, la personne P1 intègre l'ensemble des modifications.

Les ponts vers le futur.
Comme dans la plupart des techniques, nous allons faire plusieurs ponts vers le futur et donc imaginer des situations futures qui se déroulent bien conformément à l'objectif de départ.

Conclusion.
Le changement d'empreinte est une technique extrêmement complète. Elle est constituée de différentes techniques (La ligne de temps, les positions de perception, l'ancrage).
Elle permet de travailler sur des traumatismes très anciens.
Il faut savoir que nous n'avons pas de souvenirs conscients avant l'âge de trois ans du fait du manque de connexions au niveau du cerveau de l'enfant. Les souvenirs antérieurs à trois ans (environ) sont dans l'amygdale cérébrale, haut lieu de la sécurité.

~

Récapitulatif de la technique.
Créer le rapport.
Situation actuelle : état présent.
État désiré, objectif.
Installer la ligne de temps.
Recherche de la scène d'origine
Le guide ancre l'émotion négative.
Le sujet « remonte le temps ».
Réflexion en méta concernant la scène d'origine.
De quelles ressources les personnes présentes auraient-elles eu besoin ?

Transfert des ressources aux autres personnes présentes dans la scène d'origine.

Le guide ancre la ressource dont P2 aurait eu besoin.

Tout en maintenant l'ancre, le guide demande au coaché de devenir l'autre personne (P2).

Retour en position méta (sur la feuille méta).

Remaniement de la scène d'origine en position 1 (P1).

Remontée de la ligne de temps.

Ponts vers le futur.

~

Destructeur de décision.

Jean, à l'âge de sept ans, s'est perdu dans une fête foraine. Il était terrifié par cette expérience traumatisante. Il pleurait ne sachant que faire jusqu'à ce que des adultes s'inquiètent de sa présence et préviennent la gendarmerie. Évidemment, si on lui avait expliqué, au préalable, ce qu'il fallait faire s'il se perdait, rien de tout cela n'aurait eu lieu. Cet événement a laissé des traces. Sans pour autant être à l'origine d'agoraphobie, Jean éprouve un sentiment désagréable dès qu'il se trouve au milieu d'une foule. Il évite le plus possible ces situations.

Si la personne, au moment de l'expérience négative, a moins de cinq ans*, on considère que cette technique n'est pas adaptée. En général, on utilisera le changement d'empreinte.
** L'âge varie suivant l'enfant. Est-il capable d'agir de lui-même ? Chez certains enfants, ce sera six ans ou sept ans... voir plus.*

~

Principe.

Nous avons parfois pris dans notre vie **des décisions** à la suite d'un événement négatif ancien. Dans le cas de Jean, il n'aime pas se retrouver au niveau de la foule, pour lui, c'est dangereux (inconsciemment). Il est dans l'évitement.
— Plus jamais je..., je n'aime pas...

L'expérience imaginaire correctrice (EIC).

Si quelque chose s'était produit avant cet événement négatif, même une simple information, cet événement serait simplement passé inaperçu.

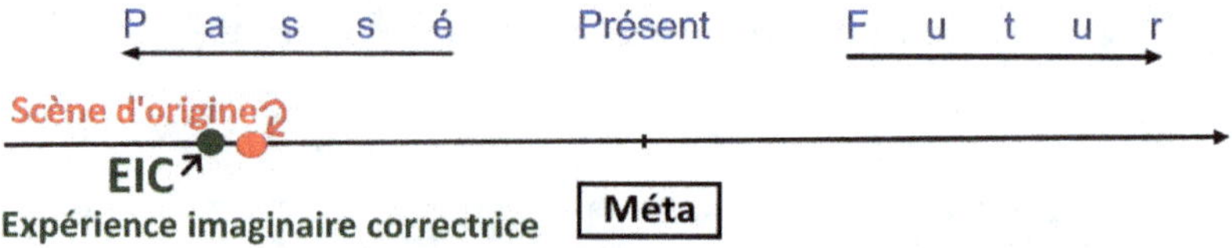

On entend souvent les gens dire :
— *Ah si j'avais su ça à l'époque !*
— *Ah, si l'on m'avait prévenu !*
— *Ah, si je l'avais rencontré plus tôt...*

Il manque dans le modèle du monde de la personne, **avant l'événement négatif**, une information qui aurait empêché cet événement d'exercer une quelconque influence.

*Qu'aurait-il fallu qu'il se passe avant
cet événement négatif
pour que celui-ci ne produise aucun effet négatif.*

Nous allons donc "créer" une **<u>expérience imaginaire correctrice</u>**.

~

Rappel de l'expérience traumatisante.
Jean, à l'âge de sept ans, s'est perdu dans une fête foraine. Ce moment a sûrement été source de panique et de confusion pour lui. Les bruits des manèges, les lumières éclatantes et la foule animée peuvent avoir ajouté à son sentiment de désorientation. L'enfant avait été pris de panique, il s'était mis à pleurer sans oser s'adresser à quelqu'un. Devenu adulte, Jean, sans être conscient des raisons, évite les endroits où il est susceptible de se perdre.

Expérience correctrice imaginaire (réaliste).
<u>Si auparavant</u> le père, la mère, le grand-père s'était adressé à l'enfant :
— Si tu te perds, ne t'inquiète pas, tu vas voir une dame et tu lui dis tranquillement que tu t'es perdu.

Ainsi, le fait de se perdre aurait eu peu ou pas d'impact.

Codage de l'expérience imaginaire correctrice avec les sous-modalités.
 Les sous-modalités codent une expérience, par exemple une lumière (modalité) peut être plus ou moins forte (sous-modalité), un son peut être plus ou moins intense (sous-modalité) ...

Pour donner de la puissance à l'expérience imaginaire correctrice, on va transférer les sous-modalités d'une expérience positive bien réelle dans l'expérience fictive.

<u>Première étape</u> : rechercher une expérience ancienne très positive dont le seul souvenir est agréable ou motivant.

Extraire les sous-modalités de cette expérience réelle et notamment les sous-modalités critiques.

<u>Deuxième étape</u> : transférer les sous-modalités dans l'expérience fictive correctrice.

Remarque.

Il est possible d'utiliser une expérience réelle positive qui a eu lieu après l'expérience traumatisante et qui, si elle s'était passée avant, aurait empêché cette dernière d'avoir des effets négatifs. Dans ce cas, le transfert des sous-modalités n'est pas nécessaire.

~

Technique.

À la suite d'un événement ancien, vécu de façon négative, une personne a pris une décision qui **continue à produire des effets gênants**.

Nous allons avant cet événement placer une expérience fictive qui va annuler les effets négatifs.

~

Créer le rapport.
Cette relation de confiance, de respect et de sécurité est indispensable à la conduite de la technique.

Recherche d'informations.
— Qu'est-ce qui vous amène ?
La personne explique son problème.
— Depuis toujours, enfin il me semble...

La personne développe ce qui la gêne. Pour cette technique, nous ne devons pas nous trouver en présence d'états internes trop forts.

Reprenons l'exemple présenté en début de technique.

Jean éprouve un sentiment désagréable dès qu'il se trouve au milieu d'une foule. Il évite le plus possible ces situations. Néanmoins, il explique qu'il ne s'agit pas d'une phobie, mais d'une gêne. Il explique que du coup il évite ce genre de situation.

Quel est l'objectif de la séance ?

Que veut Jean à la place de la situation actuelle ?

Clarifier l'objectif (voir la détermination d'objectif dans le livre : Formation PNL niveau I, tome 2).

Y a-t-il des inconvénients ?

Bien que l'écologie fasse partie de la détermination d'objectif, je préfère l'ajouter ici pour souligner son importance.

Placer la ligne de temps et la position méta.

La personne place la ligne de temps. Elle détermine sur la ligne où se trouve le présent, le sens passé et futur. Elle dispose sur le sol, face au présent une feuille marquée « méta ».

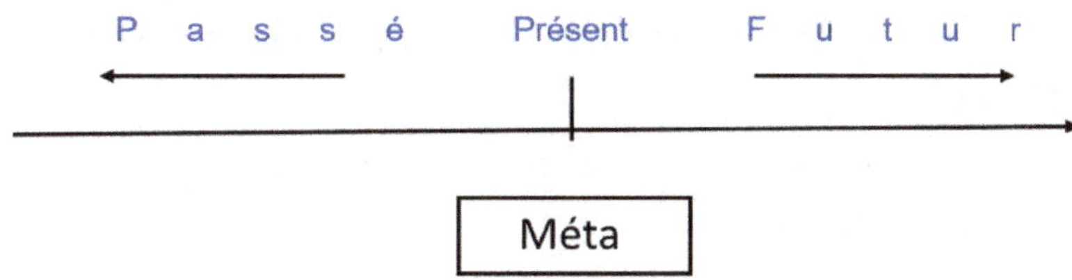

Recherche de l'expérience ancienne.
Recherche de l'expérience ancienne à l'origine de la décision limitante. Si l'expérience ancienne négative n'est pas consciente, on partira de l'état interne négatif que l'on ancre.
Si nous partons d'une croyance limitante, on va ancrer l'état interne associé et retrouver ainsi l'expérience d'origine.

Dire où cette expérience se situe sur la ligne de temps.

Dans l'exemple de Jean, celui-ci avait sept ans, s'était perdu dans une fête foraine. Pris de panique, il s'était prostré dans un coin sans oser s'adresser à quelqu'un. Ce sont ses pleurs qui avaient attiré l'attention.

Analyse de la situation à l'origine de la croyance et de la décision de comportement.
B (le client) se place sur la feuille marquée méta.
Sur la feuille notée « méta », B (le client) analyse la situation, <u>il n'est pas dans l'émotion, mais dans la réflexion.</u>
— Quelle est la décision qui produit des effets gênants ?
— J'ai pris la décision d'éviter autant que possible les endroits où il y a beaucoup de monde.
— Pour quelle raison ? Recherche de croyance.
— Je me sens mal au milieu de la foule.
Ça n'est pas la croyance qui est donnée, mais le symptôme.
— J'ai peur de me perdre ou de perdre les personnes qui sont avec moi.
— Parce qu'on se perd lorsqu'il y a beaucoup de monde.
Nous tenons la croyance.

Imaginer une expérience correctrice imaginaire.
C'est une expérience qui, si elle s'était passée avant l'expérience traumatisante, aurait empêché celle-ci d'avoir de l'effet.

Expérience correctrice que Jean (adulte) avait imaginée : son grand-père avec qui il était allé à la fête foraine aurait pu lui expliquer que s'il se perd, il va voir un gendarme ou une femme et lui demande d'appeler son grand-père.

Transfert des sous-modalités d'une expérience positive réelle.
Recherchez **une expérience positive réelle**. Identifiez les sous-modalités associées à cette expérience. Transférez les sous-modalités critiques de l'expérience réelle vers l'expérience imaginaire. Pour plus de détails sur les sous-modalités, consultez le livre "Formation PNL Niveau II".

Expérience positive réelle dans notre exemple.
Le grand-père de Jean avait l'habitude de lui expliquer beaucoup de choses. Jean se souvient du lieu : la salle à manger avec la haute horloge comtoise avec son balancier, son tic-tac. Ces souvenirs sont bien présents et clairs dans l'esprit de Jean, il lui a été facile de transférer toutes les sensations dans cette expérience imaginaire correctrice à tel point qu'il lui a semblé que celle-ci aurait vraiment pu avoir lieu.

Placer l'expérience correctrice (EIC) sur la ligne de temps juste avant la scène d'origine.
Demander au sujet de se placer sur la ligne de temps, au niveau de l'expérience correctrice et de la vivre en imagination (s'associer à elle).

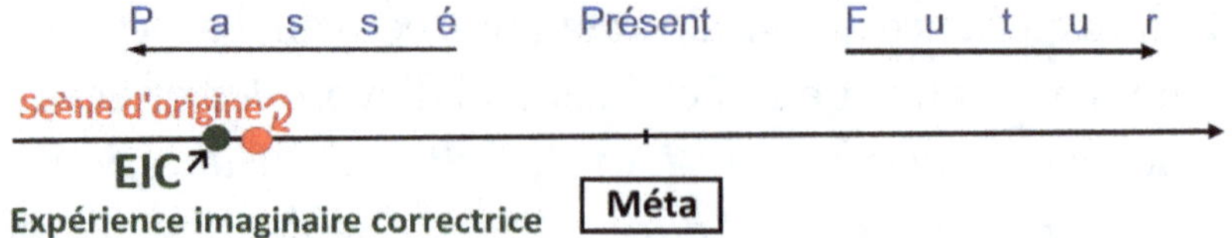

Remonter la ligne de temps jusqu'au présent.

Tout en restant associée à l'expérience correctrice, la personne remonte la ligne de temps **en passant dans un premier temps** sur l'expérience d'origine négative.

Vérifier (calibration) que l'expérience négative est transformée.

Continuer jusqu'au présent en "passant" sur toutes les expériences suivantes.

Laisser l'inconscient effectuer son travail de réévaluation et de changement.

Ponts vers le futur.

Arrivée au présent, la personne va imaginer le futur débarrassé des croyances et des décisions limitantes. La personne peut imaginer plusieurs scènes similaires où tout se passe bien.

Conclusion.

Cette technique ajoute aux précédentes l'utilisation **des sous-modalités** qui donnent de la force à la technique correctrice.

Le comportement dysfonctionnel est lié à **la relation que la personne établit avec <u>sa</u> réalité**, c'est-à-dire la manière subjective avec laquelle elle a vécu la réalité. Cette subjectivité a probablement, du fait de l'émotion ressentie, **déformé la réalité** qui devient alors la **réalité de**

référence pour donner naissance à **des croyances limitantes et des décisions de comportements néfastes**.

Dans le destructeur de décision, nous introduisons une expérience qui aurait pu avoir lieu et qui change le rapport de la personne à son expérience « réelle ».

L'introduction d'une nouvelle expérience n'est pas une nouveauté en psychothérapie.

~

Récapitulatif du destructeur de décision.

Créer le rapport.

Recherche d'informations.

Quel est l'objectif de la séance ?

Y a-t-il des inconvénients ?

Placer la ligne de temps et la position méta.

Recherche de l'expérience ancienne.

Analyse de la situation à l'origine de la croyance et de la décision de comportement.

Imaginer une expérience correctrice imaginaire.

Transfert des sous-modalités d'une expérience positive réelle.

Expérience positive réelle dans notre exemple.

Placer l'expérience imaginaire correctrice (EIC) sur la ligne de temps juste avant la scène d'origine.

Remonter la ligne de temps jusqu'au présent en passant dans un premier temps sur l'expérience d'origine négative.

Les ponts vers le futur.

~

Changer les croyances avec
les techniques non régressives.

- Le métamodèle.
- Changer une croyance avec l'ancrage spatial.
- Intégration de deux croyances conflictuelles
sur la ligne de temps.

Le métamodèle.

Le métamodèle est abondamment décrit dans le livre : Formation PNL niveau I, tome 1. Nous n'aborderons ici que la partie concernant les croyances.

Le métamodèle est aussi appelé la boussole du langage. Dans la vie quotidienne, nous **généralisons**, nous **sélectionnons** l'information et enfin nous la **déformons (la distorsion)**.

~

La généralisation.
Nous avons tendance à généraliser à partir de quelques éléments : les femmes sont comme cela, les hommes comme ceci, les jeunes ne sont plus motivés, les...
La généralisation est un mécanisme très utile, sans lui, nous serions obligés de tout vérifier, de tout réinventer. L'inconvénient est qu'il crée des groupes dans lesquels l'individu n'est plus considéré, c'est aussi du prêt à penser. La généralisation peut, dans certains cas, être à l'origine du racisme, de la xénophobie en généralisant les méfaits de certains à tout un groupe.
La généralisation est à l'origine des croyances.

~

La sélection.
Nous avons une forte tendance à sélectionner dans notre environnement ce qui va dans notre sens, ce qui renforce notre modèle du monde (notre système de référence). Évidemment, nous laissons de côté ce qui ne nous convient pas.

Il est aussi au service du mécanisme de généralisation.

~

La distorsion.
Nous déformons la réalité pour qu'elle entre dans notre « moule ». Le mécanisme de distorsion est le vecteur de la créativité. Malheureusement, le mécanisme de distorsion nous donne une vision faussée du monde. Il est lui aussi au service du mécanisme de généralisation.

~

Généralisations et croyances.
Puisqu'une croyance est une généralisation, il est possible de modifier une croyance en « dé généralisant »
Les quantificateurs universels (toujours, jamais, tous, aucun, personne) sont à l'origine de nombreuses croyances : Voici quelques exemples, vous en trouverez une multitude d'autres.
Je vous donne une question possible, amusez-vous à en chercher d'autres.

Utilisation de **toujours**.
— Jean se comporte toujours de la même manière !
Question :
— Y a-t-il des cas où il se comporte différemment ?

~

Utilisation de **jamais**.
— Ne fais jamais comme ça !
— Il ne fait jamais comme tout le monde ! (Double généralisation).
Question :
— Y a-t-il des cas où il faut faire comme ça ?
On va poursuivre par :

— Faire quoi ?

On remarque l'utilisation du « il faut » qui exprime la nécessité.

~

Utilisation de **tous, toute**.

— Ils sont tous pareils.

Questions :

— Sont-ils <u>tous</u> pareils ?

— Y en a-t-il qui sont différents ?

~

Utilisation d'**aucun, d'aucune**.

— Je ne connais <u>aucune</u> personne qui oserait agir de la sorte.

Question :

— Connaissez-vous quelqu'un qui oserait ?

~

Utilisation de **personne**.

— Plus <u>personne</u> n'est motivé aujourd'hui !

Question :

— Y a-t-il des gens qui sont motivés ?

~

Conclusion.

Le métamodèle permet de revisiter certaines croyances.
Il est intéressant, du fait de sa simplicité, de l'utiliser en première intention tout en étant conscient de ses limites. Il n'a pas la puissance des techniques régressives.

Le métamodèle est un outil majeur de la PNL, il n'est abordé ici que de manière très superficielle. Il est développé de façon importante dans le livre : Formation en PNL niveau I tome 1.

~

Changer une croyance avec l'ancrage spatial.

Cette technique est parfois appelée la marelle des croyances.

Les croyances importantes prennent souvent naissance dans l'enfance, mais ça n'est pas toujours le cas. Elles peuvent en effet naître ou disparaître à tout moment en fonction des événements que nous rencontrons dans la vie. C'est ce que nous allons découvrir avec cette technique.

Principe.

Durant toute notre vie, des croyances se mettent en place, se renforcent... ou disparaissent remplacées par d'autres. La disparition de la croyance peut être lente (**installation du doute**) ou **rapide (flagrant délit !)**.

Enfant, je croyais au Père-Noël, j'étais <u>certain</u> que le Père-Noël existait et je ne me posais pas de questions. Petit à petit, <u>le doute</u> a commencé à s'installer, il y avait des choses qui me semblaient étranges comme de voir un Père-Noël à chaque coin de rue. Comment faisait-il pour déposer tous les jouets partout dans le monde en si peu de temps ? J'ai commencé à douter jusqu'à ce que je me dise : "le Père-Noël n'existe pas". Qui mettait les jouets en bas du sapin ? Peut-être mes parents ? En tout cas, cela me semblait <u>possible</u>, jusqu'à ce que j'en sois <u>certain</u> en découvrant après une petite recherche les jouets au fond d'un placard.

Beaucoup de croyances suivent un chemin identique à cette célèbre croyance.
Nous modifions notre système de croyances en passant par un certain nombre d'étapes.

La <u>première</u>, quand on se dit : *Est-ce que c'est aussi vrai que cela ?*
La <u>deuxième</u>, quand on se dit : *Non, ce n'est pas vrai du tout !*
La <u>troisième</u>, quand on se dit : *Peut-être qu'autre chose est possible ?*
La <u>quatrième</u>, c'est quand on se dit : *Oui, c'est sûr ?*
Une nouvelle croyance vient de naître.

Au fur et à mesure que la première croyance diminue, une autre se met en place comme pour combler le vide.

Ancrage spatial – feuilles sur le sol.
C'est ce que l'on va faire en accéléré avec les ancrages spatiaux.

Nous allons poser sur le sol 6 (5+1) feuilles de papier sur lesquelles nous avons écrit :

- Cinquième feuille : croyance certaine.

C. CERTAINE

- Quatrième feuille : croyance possible.

C. POSSIBLE

- Troisième feuille : croyance dépassée.

C. DÉPASSÉE

- Deuxième feuille : croyance doute.

C. DOUTE

- Première feuille : croyance limitante.

C. LIMITANTE

- Une feuille pour la position **méta**.

Méta

Croyance limitante, croyance aidante.
La personne va énoncer sa croyance limitante et la croyance aidante qu'elle veut mettre à la place.
On ne vérifiera pas si c'est réalisable ou non, ça n'est pas l'objet.
Et puis, la plupart des grandes réalisations semblaient

impossibles. Nous vérifierons qu'il n'y a pas d'inconvénients à la substitution. Ces inconvénients (écologie au sens de la PNL) peuvent constituer un vrai « ralentisseur ».

Croyance limitante dont la personne ne veut plus.
« L'informatique, c'est compliqué ».

Croyance aidante que la personne veut adopter.
« Tous s'apprend, et plus on apprend, plus les choses deviennent faciles ».

Écologie.
Le changement de croyance présente-t-il un inconvénient ?

Les feuilles « ancres ».
Les feuilles qui sont de simples feuilles de papier vont devenir des « lieux magiques ». Elles vont se charger émotionnellement. Un peu comme un simple objet (une montre, une bague, un pendentif...) ayant appartenu à une personne chère, qui s'imprègne d'émotions et devient un symbole chargé de souvenirs.

Croyance limitante : l'informatique, c'est compliqué.
Croyance doute : un jour, il y aura la paix partout sur terre.
Croyance dépassée : Le Père-Noël existe.
Croyance possible : Il est possible qu'il y ait d'autres formes de vie dans l'univers.
Croyance certaine : J'aime mes enfants.

~

La technique se déroule en 4 étapes.

<u>Première étape</u> : préparation des différentes ancres.

<u>Deuxième étape</u> : utilisation des ancres préparées.

<u>Troisième étape</u> : généralisation avec le pont vers le futur.

<u>Quatrième étape</u> : elle consiste à effacer la croyance de départ et à la remplacer par la nouvelle croyance aidante que l'on a fortifiée.

Remarques :

Avant de commencer la technique à proprement parlé :

1) Vérifier la forme exacte de la croyance à abandonner.

2) Vérifier l'écologie de l'abandon de croyance.

3) Vérifier l'écologie de l'adoption de la nouvelle croyance.

4) Clarification par un travail préalable avec le SCORE.

 Dans le **(S)** et le © se trouvera la croyance limitante. La nouvelle croyance est une ressource donc **(R)** : elle permettra d'atteindre l'objectif **O** ce qui produira les effets attendus **(E)**.

(Voir : Formation PNL niveau I tome 2).

~

Technique.

Le rapport.

Comme toujours, la technique commence par la mise en place du rapport.

L'état présent (EP).

La situation présente porte sur la croyance limitante.

L'état désiré (ED), l'objectif.

Que veut la personne ?

Quelle est la croyance qu'elle aimerait adopter ?

L'écologie.
Le changement de croyance présente-t-il un inconvénient ?

Disposition des feuilles.
Disposer sur le sol 5 feuilles de papier + 1 pour la position méta.

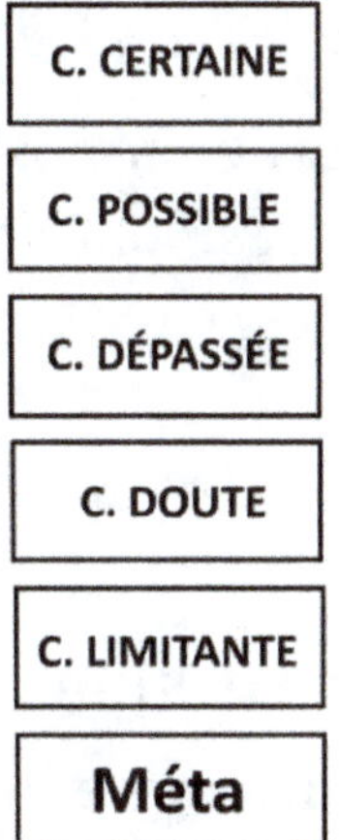

Sur la feuille méta, position dissociée.
La personne va énoncer ses croyances.

~

« Fabrication » des différentes ancres.
Sur chacune des feuilles, la personne va s'**associer à la croyance correspondante**, c'est-à-dire qu'elle va vivre émotionnellement la croyance.
Le déplacement se fait de la façon suivante :

Sur la feuille en position « méta », la personne énonce sa croyance limitante : *« L'informatique, c'est compliqué »*.

La personne se place sur la feuille 1 et <u>s'associe</u> à la croyance limitante, elle vit sa croyance et **ressent** que *« L'informatique, c'est compliqué »*.

Ensuite, la personne retourne en méta et <u>énonce</u> sa croyance doute : *« Un jour, il y aura la paix partout sur terre »*.

Puis, la personne se place sur la <u>feuille 2</u> et **s'associe** à la croyance « doute » ... elle vit le doute par rapport à sa croyance doute... elle la **ressent**.

La personne retourne en position méta et **énonce** la croyance dépassée : « *Le Père-Noël existe* ».

Puis La personne retourne en position méta et <u>énonce</u> la croyance possible : « *Il est possible qu'il y ait d'autres formes de vie dans l'univers* ».

<u>Et ainsi de suite</u>...

~

Utilisation des ancres préparées.

La première étape concerne la croyance limitante.
La personne va sur la **feuille 2 (ancre doute)** et s'associe à sa croyance limitante en introduisant le doute.
« *L'informatique, ça n'est peut-être pas si compliqué* ».

Puis la personne se place sur la **feuille 3 (croyance dépassée)**, s'associe à sa croyance limitante.
« *L'informatique, ça n'est pas compliqué* ».

Retour sur la feuille méta pour valider ce qui s'est passé.
~
La deuxième étape concerne la croyance aidante.

La personne va sur l'ancre **"croyance possible"** et s'associe à sa croyance aidante en introduisant la possibilité.
« *Il est possible que l'informatique, avec de la persévérance, devienne facile* ».

Pour finir, la personne va **sur la feuille "croyance certaine"** et s'associe à sa croyance aidante en introduisant la certitude.

~

Ponts vers le futur.

Le pont vers le futur permet de consolider le travail que l'on vient d'effectuer.

La personne se place sur la feuille 5 et s'imagine dans le futur avec sa croyance aidante devenue certaine.

Elle vit les changements qui en résultent.

Écrasement de la croyance limitante.

Cette dernière étape consiste à effacer la croyance de départ et à la remplacer par la nouvelle croyance aidante que l'on a fortifiée.

La personne se place sur la feuille 1 et énonce avec certitude sa nouvelle croyance et "écrase" son ancienne croyance limitante, comme on le fait quand on sauvegarde de nouvelles données sur un disque dur d'ordinateur.

Remarque. L'ancrage spatial peut être renforcé grâce aux **sous-modalités** : transposition des sous-modalités de l'expérience "croyance certaine" dans l'expérience "croyance aidante". (Les sous-modalités sont vues dans le livre Formation PNL niveau II).

~

Conclusion.

Cette technique a l'avantage de travailler sur des croyances plus récentes... donc sans l'utilisation des techniques régressives. Elle s'appuie, comme la plupart des techniques PNL, sur des mécanismes naturels organisés en technique, un peu comme un musicien* qui « met sur une partition » le chant d'un oiseau.

* *Ludwig van Beethoven dans l'adagio de la Symphonie pastorale.*

~

Récapitulatif de la technique.

Principe.

Nous modifions notre système de croyances en passant par un certain nombre d'étapes.

    Ancrage spatial – feuilles sur le sol.

    Croyance limitante, croyance aidante.

    Croyance limitante dont la personne ne veut plus.

    Croyance aidante que la personne veut adopter.

    Écologie.

    Les feuilles « ancres ».

La technique se déroule en 4 étapes.

    <u>Première étape</u> : « Fabrication » des différentes ancres.

    <u>Deuxième étape</u> : utilisation des ancres préparées.

    <u>Troisième étape</u> : généralisation : le pont vers le futur.

    <u>Quatrième étape</u> : remplacement de l'ancienne croyance par la nouvelle croyance aidante que l'on a fortifiée.

Technique.

    Le rapport.

    Quel est l'État présent ?

    L'état désiré (ED), l'objectif.

    L'écologie.

    Disposition des feuilles.

    « Fabrication » des différentes ancres.

    Utilisation des ancres préparées.

    Ponts vers le futur.

    Écrasement de la croyance limitante.

~

Intégration de 2 croyances conflictuelles sur la ligne de temps.

Principe

Comme pour le squash visuel, cette technique fait intervenir le modèle des parties (le squash visuel est développé dans le livre : Formation PNL niveau II).

Ces différentes parties, sortes d'entités fonctionnelles, ont chacune leurs croyances et valeurs distinctes. Elles peuvent agir de manière autonome, parfois en contradiction et en incompatibilité les unes avec les autres. Cela peut conduire à un sentiment de mal-être et à des jugements négatifs sur soi.

Alors que le squash visuel concerne un conflit de valeurs, l'intégration de 2 croyances conflictuelles sur la ligne de temps concerne les croyances et plus particulièrement les croyances qui portent sur l'identité*.

** Les croyances peuvent porter sur l'environnement, les comportements, les capacités, les valeurs, les croyances et bien évidemment sur l'identité...*

~

Les croyances conflictuelles peuvent avoir des origines différentes.
Exemples.
- Origine logico-déductive qui s'oppose à l'origine émotionnelle.
- Origine rationnelle qui s'oppose à l'origine intuitive.
- Croyances venant de l'enfance qui s'opposent aux constatations de l'adulte.

Il y a donc un conflit de parties
qui porte sur le projet de vie et qui
empêche d'atteindre l'identité désirée.

Exemple.

Stéphanie veut prendre du temps pour s'occuper de ses enfants. Elle a toujours rêvé de fonder une famille, d'ailleurs elle a eu son premier enfant alors qu'elle était encore étudiante (en médecine). Elle a été critiquée par sa famille et notamment sa maman : « On ne peut pas s'occuper de ses enfants lorsque l'on est étudiante ». Elle n'envisage pas sa vie autrement, elle veut être une bonne maman et également réussir sa carrière, elle veut se spécialiser en pédiatrie.

Une partie souhaite que la personne soit une bonne mère : croyance venue du passé :

- Si je ne consacre pas beaucoup de temps à mes enfants, je ne suis pas une bonne maman.

Une autre partie de la personne veut qu'elle réussisse sa vie de femme (futur). La croyance qui concerne sa vie de femme :

Pour réussir ma vie de femme je dois être indépendante et du coup réussir, entre autres, ma vie professionnelle.

~

Exemples de croyances venant du passé voire de l'enfance (éducation).

- Ce n'est pas bien de vouloir être attirant et d'avoir du succès.
- Pour vivre heureux, vivons cachés.
- Il faut souffrir pour être beau, belle.
- Dans la vie, tout se mérite.
- Pour réussir, il faut se donner du mal.
- Dans la vie, on ne peut pas tout avoir.

~

**Chaque partie possède une intention positive,
Des valeurs, un but et des ressources.**

~

Les ingrédients de cette technique.
Cette technique va associer :
- La ligne de temps : position associée.
- La position méta : position dissociée.
- Le modèle des parties avec la notion d'intention positive.
- Une partie du SCORE (objectif, effets, ressources).
- La notion d'intention positive.
- Les croyances.
- Les valeurs.

Le but de cette technique est de permettre l'intégration des qualités des parties pour aller vers l'identité désirée.

~

Technique.

Indications.
A veut réaliser quelque chose d'important qui concerne son projet de vie (un but donc futur).
Quelque chose s'y oppose, un obstacle de type croyance qui trouve son origine dans le passé.

Stéphanie veut des enfants (trois pour être exact). Sa famille et son entourage (pression sociale) sont défavorables.
Bien que son projet de vie soit clair, elle vit mal la situation car une partie est en accord avec ce qu'on lui dit, on ne peut pas être en même temps une bonne maman et en même temps exercer une profession prenante.

Préalable installation de la ligne de temps.

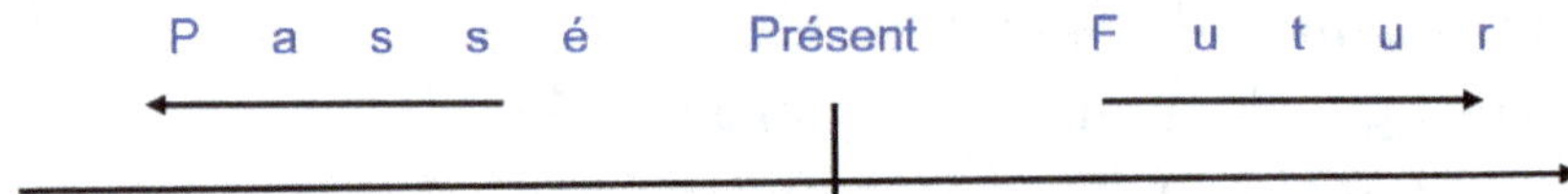

Placer la ligne de temps et la position méta.
En position méta, A réfléchit, analyse. Sur la ligne de temps,
A est associé.

Dialogue entre les parties.
Les croyances antagonistes sont portées par des parties qui
ont une intention positive. Amener chaque partie à
communiquer dans un premier temps sur **leurs craintes**
puis sur **leurs richesses** pour, finalement, transformer
une opposition en synergie.

Position méta (analyse, réflexion).
— Sur quoi porte le conflit ?
— Le conflit concerne-t-il le projet de vie (niveau identité) ?

Pour Stéphanie, le **conflit porte sur deux croyances**,
l'une venant du passé : *«Pour être une bonne maman, il
faut se consacrer en totalité à ses enfants ».*
Il n'y a pas de place pour les études et une profession
prenante, l'autre est une croyance du présent et du futur :
« Être une femme épanouie, c'est avoir un métier passionnant ».

Les deux croyances portent sur le projet de vie.

Partie «BUT ».

Que <u>veut cette partie</u> (idéalement) et qui est en rapport avec son projet de vie ?
- <u>Lui donner un nom</u>.
- <u>Qu'est-ce que cela apportera</u> d'important à la personne (les effets) ?
- Quelle est <u>l'intention positive</u> de la partie « BUT » (c'est la croyance sous-jacente) ?
- <u>Quelles sont les valeurs et les ressources</u> de cette partie ?

Pour Stéphanie.
Que <u>veut la partie</u> ? Que Stéphanie devienne médecin (pédiatre).
Nous avons nommé la partie «passé » : **médecin**.
Ce que cette partie lui apportera : **la passion**.
L'intention positive : **aider les autres**.
La valeur est la **santé**

Partie « PASSÉ ».
Même si cette partie impactera sur la vie future de la personne, puisqu'elle porte sur le projet de vie, elle vient du passé.
- Où se situe la partie.
- <u>Que veut la personne </u>(idéalement) et qui est en rapport avec son projet de vie ?
- <u>Donner un nom</u> valorisant à cette partie.
- <u>Qu'est-ce que cela apportera</u> d'important à la personne (les effets) ?
- Quelle est <u>l'intention positive</u> de la partie « PASSÉ » ?
- <u>Quelles sont les valeurs, les ressources</u> de cette partie ?

Pour Stéphanie.

*La partie veut que Stéphanie devienne une «**maman heureuse**».*

*Nous avons appelé la partie « PASSÉ » : «**maman**».*

*Ce que cette partie lui apportera « **L'amour maternel** ».*

*Ce que cela lui apportera : **le bonheur**.*

*L'intention positive : **la joie**.*

*La valeur est la **famille**.*

~

Sur la ligne de temps

Vivre les intentions positives des parties.

La partie «BUT».

A s'associe à la partie "But", à son intention positive et vit les effets. (Espace ED - futur).

*Pour Stéphanie, c'est la partie «BUT», elle se nomme « **médecin** », l'intention positive est : **aider les autres**.*

La partie « PASSÉ ».

A situe la partie « PASSÉ » sur la ligne de temps.

A se place sur la ligne de temps et s'associe à l'I+ de la partie « PASSÉ ».

*Pour Stéphanie, c'est la partie « **maman** », l'intention positive est : **la joie**. Elle place cette partie vers ses 6 ans, ses rêves de petite fille étaient d'avoir des enfants.*

~

En position méta, vérification du conflit.

On vérifie qu'il y a bien effectivement conflit.

~

Sur la ligne de temps, expression des craintes.
A, associé à la partie « BUT » (A devient la partie « BUT »)
et regarde vers le passé.
La partie « BUT » s'adresse à la partie « PASSÉ » et lui fait
part de ses craintes et réticences.

*Pour Stéphanie, la partie «médecin » s'adresse à la
partie «maman ».*
*— Partie « **maman** », je crains que tu m'empêches de
devenir médecin et d'exercer ce métier qui me passionne.*

A, associé à la partie « PASSÉ », regarde en direction de la
partie « BUT ».
La partie « PASSÉ » s'adresse à la partie « BUT » et lui fait
part de ses craintes et réticences.

*Pour Stéphanie, la partie «maman »s'adresse à la
partie «médecin ».*
*— Partie « **médecin** », je crains que tu m'accapares et que
tu m'empêches d'être présente pour mes enfants et que je
ne leur donne pas tout l'amour que je veux leur offrir.*

~

**En position méta, la personne va lister tour à tour
les valeurs, les ressources de chacune des parties.**

~

**Sur la ligne de temps : le don des ressources et des
valeurs.**

Depuis le futur, A transporte les valeurs et les ressources de
la partie « BUT » et en fait don à la partie « PASSÉ ».

*Pour Stéphanie, don de la partie « **médecin** », à la partie « **maman** ».*

De la position « PASSÉ », A transporte les valeurs et les ressources de la partie « PASSÉ » et en fait don à la partie à la partie « BUT ».
*Pour Stéphanie, don de la partie « **maman** » à la partie « **médecin** ».*

~

Au présent, réconciliation symbolique.
A tend les mains symboliquement vers chacune des parties et les sent se rapprocher et les intègre.

~

Ponts vers le futur.
A imagine dans le futur les 2 parties réconciliées travaillant de concert.

J'imagine que de nombreux lecteurs se demandent comment les choses vont se passer pour Stéphanie (il s'agit d'un cas réel comme tous les cas exposés dans ce livre... et les autres). Stéphanie va finalement décider de devenir médecin scolaire. Elle s'occupera ainsi d'enfants (rappelons qu'elle voulait devenir pédiatre) et aura plus de temps à consacrer à ses propres enfants. Elle est passionnée par son métier et heureuse dans sa vie familiale.

~

Conclusion.

Nos croyances se forment très tôt dans notre enfance, elles sont puissantes et viennent parfois se heurter aux nouvelles croyances apportées par la modernité.

Ces croyances lorsqu'elles sont antagonistes peuvent sembler irréconciliables. Cette technique nous montre que nos croyances venant du passé et celles venant du présent ont leurs richesses. Plutôt que de les opposer, elle propose de les faire cohabiter harmonieusement.

~

Récapitulatif de la technique : intégration de 2 croyances conflictuelles sur la ligne de temps.

Principe.

Les croyances conflictuelles peuvent avoir des origines différentes.

Les croyances conflictuelles peuvent avoir des origines différentes.

Exemples.

Exemples de croyances venant du passé voire de l'enfance (éducation).

Chaque partie a une intention positive, un but, des ressources.

Les ingrédients de cette technique.

Technique.

Indications.

Préalable : installation de la ligne de temps.

Dialogue entre les parties.

Position méta (analyse, réflexion).

Partie "BUT".

Partie "PASSÉ".

Sur la ligne de temps
Vivre les intentions positives des parties.
En position méta, vérification du conflit.
Sur la ligne de temps, expression des craintes.
En position méta, la personne va lister tour à tour les valeurs, les ressources de chacune des parties.
Sur la ligne de temps : le don des ressources et des valeurs.
Au présent, réconciliation symbolique.
Ponts vers le futur.

~

PARDONNER.

Généralités.

Les techniques régressives permettent de se libérer de croyances nocives et de décisions de comportements néfastes qui se sont mises en place lors de situations plus ou moins traumatisantes. Parfois, **il est nécessaire de compléter les techniques régressives par la technique du pardon**, voire, selon les cas, de réaliser cette technique en amont.

Il y a, nous le verrons, une grande méprise sur la technique du pardon. Le pardon est libérateur pour la personne qui pardonne, elle permet de se libérer de rancœurs polluantes. C'est donc un cadeau que l'**on se fait à soi-même**.

~

S'il y a une chose impardonnable,
c'est de ne pas pardonner.
Romain Gary - Emile Ajar

~

Voici une **histoire vraie**, le prénom a été changé ainsi que le type d'entreprise.

Claude, cadre dans une entreprise agroalimentaire, se trouve dans une situation précaire : bien qu'il soit considéré comme indésirable, il ne peut pas être licencié pour deux raisons ; d'abord parce qu'il est représentant syndical, et ensuite parce qu'il n'a commis aucune faute grave. Un nouveau manager vient d'arriver et lui rend la vie difficile en le harcelant subtilement. Claude parviendra à prouver qu'il est victime de ce harcèlement, tout en découvrant que son manager a déjà été condamné pour des faits similaires dans une autre entreprise. De plus, l'entreprise de Claude est dans une position délicate et pourrait potentiellement être accusée d'avoir engagé ce supérieur pour harceler Claude. Devant cette injustice, le nouveau manager quittera l'entreprise et Claude sera muté dans un autre service avec une promotion.

<u>*Voici ce que dit Claude*</u> *: « Ce manager a tout fait pour me détruire moralement, cherchant à me faire passer pour une personne incompétente et sans valeur. J'ai lutté et j'ai tenu bon, même si certains jours ont été très difficiles. À présent, j'ai gagné, j'ai changé de service et je respire enfin. Tout aurait dû bien se passer, mais cette amertume, cette haine, cette rancœur envers lui me rongent. J'y pense constamment. Comment puis-je oublier et passer à autre chose ? J'aimerais retrouver ma sérénité et profiter pleinement de la vie ».*

Claude a traversé une période de burn-out, et sa guérison ne sera pas immédiate, bien au contraire. L'une des techniques réparatrices essentielles pour Claude est le pardon. Apprendre à pardonner, non seulement à son ancien manager mais aussi à son entreprise, pourrait l'aider à apaiser son esprit et à avancer vers une réconciliation intérieure. Cela lui permettra de se libérer du poids de la rancœur et de retrouver un chemin vers la sérénité et le bien-être.

~

Quelques définitions.
Hachette : *Pardonner, renoncer à punir une faute. Ne pas se venger de quelqu'un pour une faute commise.*

~

*Pardonner, c'est se libérer
d'une énergie négative qui s'est accumulée
depuis parfois très longtemps.*

~

Ces sentiments qui nous polluent.
Ce n'est pas évident de se promener dans l'existence avec des sentiments comme la rancœur, la rancune, le ressentiment, la revanche... tous les sentiments hérités du passé qui sont comme autant d'élastiques attachés dans notre dos et qui nous gênent dans notre avancée.

~

*Ces sentiments ont l'air de déranger
beaucoup plus celui qui les ressent
que celui qui en est à l'origine.*

~

Sentiments inhibiteurs de créativité, de liberté.
Quand on est dans ce type de sentiments, on est dans ce que l'on peut appeler une « vision tunnel », c'est-à-dire que l'on est focalisé sur l'unique objet du ressentiment.
Il y a des gens qui sont tellement focalisés sur des personnes qu'ils ne parviennent plus à vivre.

Ça peut être tellement fort qu'il y a des gens qui sont capables de gâcher leur vie pour prouver à leurs parents qu'ils ont été de mauvais parents.

~

Pardonner est un acte de libération.
Pardonner, c'est se libérer d'une situation bloquante.
Rancœur et rancune provoquent surtout des dégâts chez celui qui les abrite et les entretient.
Le pardon est donc une **réparation relationnelle**, il va libérer la personne "envahie" de l'énergie négative qui s'est accumulée.

~

Croyances qui empêchent de pardonner.
Pardonner signifie oublier...
« Je ne lui pardonnerai pas, je refuse d'oublier ce qu'il a fait ».

Pardonner, c'est perdre la face...
« Je ne me ridiculiserai pas... ».

Pardonner, c'est s'abaisser.
« Je ne m'abaisserai pas à lui pardonner ».

Pardonner, c'est perdre le contrôle.
« S'il croit que je vais me laisser faire ».

Pardonner, c'est un cadeau à l'autre (alors que le premier bénéficiaire, ce sera soi).
« Il serait trop content ».

~

Croyance aidante.
Pardonner est une preuve d'estime de soi.

Pardonner et garder les apprentissages.
Un stagiaire raconte : « Un collègue devait me remettre un dossier très important pour que je puisse préparer une réunion. Il ne l'a pas fait et m'a mis ainsi dans une situation difficile, il m'a mis en difficulté lors de cette réunion. Je lui ai pardonné, mais maintenant, je vais me méfier si je dois à nouveau compter sur lui ».

Une rancœur aurait pollué la relation avec cette personne. Pardonner, c'est solder le contentieux.
Pardonner ne signifie pas perdre l'apprentissage de ce qui a provoqué le ressenti.

~

Technique : pardonner.

Préalable.

Cette technique ne sera pas utilisée **dans le cas de conflit en cours**.

Si le ressentiment est attribué à de nombreuses scènes anciennes, on isolera une scène particulièrement significative. C'est cette scène que l'on va traiter.

L'ancrage spatial.
Nous allons utiliser l'ancre spatiale, c'est-à-dire que nous allons disposer sur le sol des feuilles de papier.

La position **dissociée** (méta) : position de réflexion et d'analyse.

Les positions **associées** (positions de perception).

P1 est la **position du soi**. Lorsque la personne est en position 1, elle dit « Je » et ce « Je » se réfère à elle, avec ses émotions, ses croyances, ses valeurs, son identité, l'ensemble de ses expériences, sa façon d'envisager les choses.

P2 est la **position de l'autre***, lorsque l'on est en position 2, on dit toujours « Je », mais ce « Je » se réfère à l'autre, avec ses émotions, ses croyances, ses valeurs, son identité, l'ensemble de ses expériences, sa façon d'envisager les choses.

** La personne à l'origine du ressentiment, ou même au-delà, est souvent désignée par le terme "X" dans cet ouvrage.*

P3, la position méta est **une position d'observation**, d'analyse. P3 est un **observateur averti** dans la mesure où il connaît les protagonistes. **Il ne porte pas de jugement**, il est dans la neutralité bienveillante, il **n'éprouve aucune émotion**.

Espace « ressource ».
C'est un vivier de ressources, un espace où on va s'associer.

Espace « pardon ».
Espace où l'on va penser ou dire : *« Je vous pardonne ».*

~

Intérêt du SCORE dans le pardon.
Le SCORE est une technique de clarification, la porte d'entrée est le problème. Les lettres S et C représentent l'espace problème. Les lettres E et F constituent l'espace

solution. Quant à la lettre R pour ressource permet de passer de l'espace problème à l'espace solution.

Le SCORE est largement décrit dans le livre : «Formation PNL niveau I Tome 2».

Un SCORE apportera d'emblée une exploration intéressante et mettra la personne en situation de pardon.

Contrairement au SCORE «classique», je place l'espace effet **(E)** en premier. C'est là que la personne va comprendre tout ce que le pardon va lui apporter.
Si la personne à ce stade ne pense pas pouvoir parvenir, on pourra utiliser le cadre du «comme si». Et lui poser la question : *« Supposons que vous parveniez à pardonner, qu'est-ce que cela vous apportera ? »*

E : les effets. Lorsque la personne se sera libérée du ressentiment, elle se sentira alors allégée, ressentant une profonde liberté émotionnelle. Cette libération permet d'alléger le fardeau mental qui l'accable, favorisant une sensation de paix intérieure et de sérénité. Elle pourra ainsi aborder la vie avec un regard nouveau, plus ouvert et positif.

S : le symptôme : le ressenti négatif de type rancune, rancœur. Ce ressenti négatif gêne la personne.

C : la cause, ce que la personne a subi de la personne X responsable du ressentiment négatif.

O : l'objectif. Ce que la personne veut à la place de la rancœur... le fait de subir X (sinon la technique du pardon n'est pas appropriée).
En général, ce que la personne recherche, c'est à se libérer du ressentiment négatif qui la hante.

R : les ressources (émotions) de quoi la personne a-t-elle besoin pour se libérer du ressenti négatif ?

Rappelons que les ressources permettent de passer de l'espace problème à l'espace solution.

Exploration de l'espace problème.

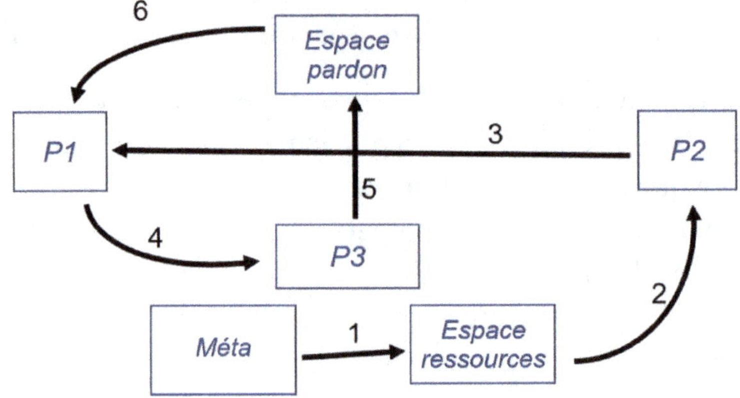

Exploration sur l'espace Méta.
Quel est le ressentiment ? [passé → présent]
— *Depuis combien de temps éprouvez-vous ce ressentiment ?*
— *Quelle est la cause de ce ressentiment ?*

Exploration des circonstances.
— *Où cela s'est-il passé ?*
— *Qui en est la cause ?*
— *Que s'est-il passé ?*
— *Quand cela s'est-il terminé et comment ?*
Cette question est fondamentale, la technique du pardon ne peut être utilisée que si le problème est « soldé ».

Écologie du changement et obstacles.
— *Y a-t-il des inconvénients à pardonner ?*
— *Y a-t-il des apprentissages que vous souhaitez conserver ?*

Renforcement de la position dissociée méta.
En fonction du contexte, il peut être bénéfique d'interposer un écran de plexiglas entre la personne et le ou la responsable de la situation, afin de lui offrir <u>une protection psychologique</u>. Cette **barrière symbolique** permet à la personne de se sentir plus en sécurité tout en abordant ses émotions et ses ressentis face à la source de son ressentiment.

Quelle est l'intention positive de X ?
La notion d'intention positive est souvent mal comprise, elle est à l'origine de blocage qu'il faut dépasser.
Nous sommes tous à la recherche d'équilibre autant au niveau <u>physiologique (**homéostasie**) que psychologique</u>. L'intention positive est ce qui intervient dans l'équation pour assurer l'équilibre de la personne. L'intention positive n'est à aucun moment une excuse. **La violence est un <u>comportement</u> inacceptable, répréhensible, hautement condamnable**. L'intention positive est ce qui pousse la personne à être violente. L'intention positive peut être orientée vers soi ou vers l'autre.

Quelles sont les limitations de X ?
Je rappelle ici que selon la psychanalyse : pardonner consiste à prendre en compte les limitations de l'autre.
Qu'est-ce qui fait que X a eu ce comportement inacceptable, que lui manquait-il pour faire autrement ?

Les ressources manquantes.
Toujours en position méta, on s'interroge sur les ressources dont X aurait eu besoin pour agir différemment.
Si X avait eu les ressources, comment la scène se serait-elle déroulée ?

~

Espace ressource (position associée).

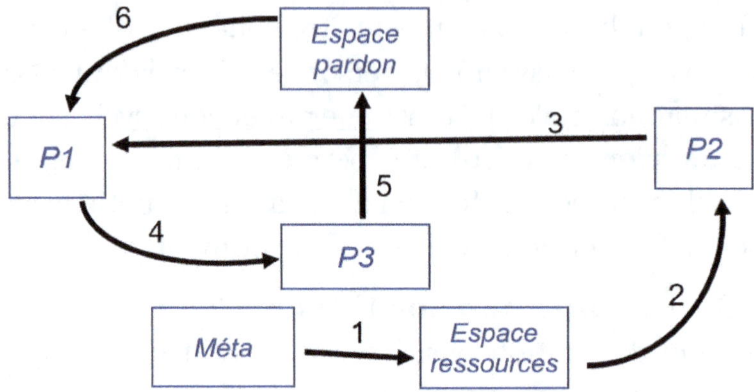

A (le sujet) passe de la position méta à « l'espace ressources ». Il va s'associer aux ressources dont X aurait eu besoin et B (le guide) va ancrer ces ressources.

S'il y a plusieurs ressources, on pratiquera l'empilement d'ancres au même endroit.

~

Passage en position 2.
Alors que A est en contact avec les ressources dont X a besoin (ancrage), B accompagne A en P2.

A, en contact **avec les ressources**, s'associe à X, il devient X, (P 2) et vit la situation passée (donc en tant que X (P2). <u>La situation ancienne du coup se déroule différemment.</u>

Cette étape est délicate, prendre la place de celui a fait du mal n'est pas chose aisée. C'est pour cette raison que le sujet ne doit pas être en cours. Pardonner à celui ou celle qui fait encore du mal peut même être nuisible.

~

Passage en position 1.

A passe de la position 2 (P2) à la position 1 (P1). Il revit la scène passée (**revisitée)** selon son point de vue. Si A a besoin des mêmes ressources que X, il peut les conserver, s'il a besoin d'autres ressources, il peut les **acquérir**.

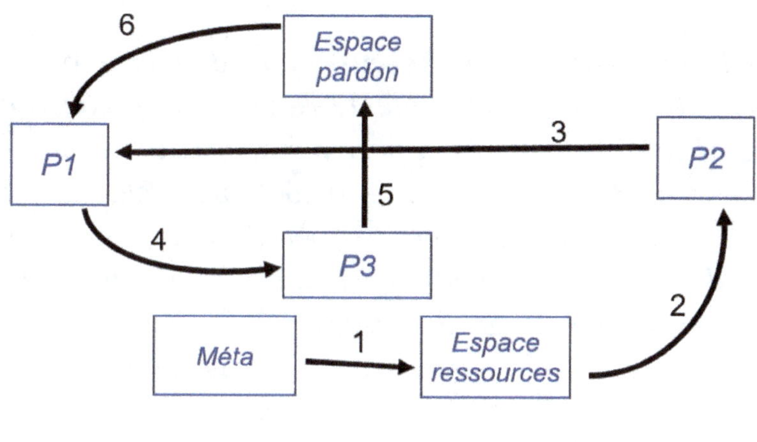

~

Position 3.

A passe de la position 1 (P1) à la position 3 (P3) d'observateur averti. Il observe ce qui s'est passé et le décrit.

~

L'espace pardon.

Nouvelle étape délicate, il est parfois nécessaire en préambule de cette étape de rappeler **le but poursuivi** dans cette technique : se libérer de rancunes, de rancœurs, de ressentiments négatifs qui nous empêchent parfois d'avancer dans la vie, ainsi que **les effets**.

A passe de la position 3 (P3) à l'espace pardon.

Il formule mentalement ou à haute voix la phrase du pardon :

« Je vous pardonne » ou « je ne vous en veux plus... »

~

Ponts vers le futur.

Les ponts vers le futur se font depuis la position 1.

A va s'imaginer dans le futur, libre avec un état interne agréable. Lorsque A pense à X son EI est neutre ou agréable.

Une de mes stagiaires avait réussi à pardonner à son père, qui était alcoolique et violent. Nous avions également effectué un recadrage, son père n'était pas un alcoolique, mais souffrait de la maladie alcoolique. Cela lui avait permis de se réconcilier avec son père, décédé depuis. Cette prise de conscience a contribué à apaiser ses émotions et à favoriser son processus de guérison.

Remarque :
L'accompagnement de B est particulièrement important. Il évitera tous les mots qui peuvent replonger A dans la scène ancienne à l'origine du problème.
B : « Je te propose de pardonner à celui qui ~~t'a fait souffrir~~ ».
B : « Imaginez-vous dans le futur ~~sans la rancœur~~ ».

~

Conclusion.

Le pardon est une technique de réparation. Pardonner est parfois ce qu'il y a de plus difficile dans l'existence, on a parfois besoin de temps. Tout dépend de ce qui est à l'origine du vécu. Quand elle peut être menée à terme, c'est une technique très réparatrice qui permet parfois de poursuivre sa vie en réinvestissant son énergie. Pardonner, ça n'est pas oublier. Je ne donnerai jamais de leçon comme :

« *Il faut savoir pardonner* ». J'ai souvent pardonné, même des choses très difficiles, mais il s'agissait de choses pardonnables.

~

Récapitulatif de la technique du pardon.

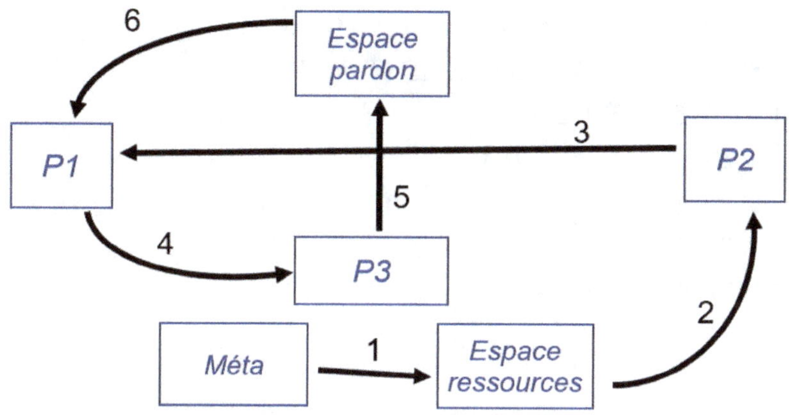

Généralités.

Quelques définitions.

Ces sentiments qui nous polluent.

Sentiments inhibiteurs de créativité, de liberté.

Pardonner est un acte de libération.

Pardonner, c'est se libérer d'une situation bloquante.

Croyances qui empêchent de pardonner.

Croyance aidante.

Pardonner et garder les apprentissages.

Technique.

Préalable.

L'ancrage spatial : P1, P2, Espace ressource, Espace pardon.

Intérêt du SCORE dans le pardon.

Exploration de l'espace problème.

Espace Méta.

Quel est le ressentiment ? [passé → présent]
Exploration des circonstances.
Écologie du changement et obstacles.
Renforcement de la position dissociée méta.
Quelle est l'intention positive de X ?
Quelles sont les limitations de X ?
Les ressources manquantes de X.
<u>Espace ressource (position associée).</u>
<u>Passage en position 2.</u>
<u>Passage en position 1.</u>
<u>Position 3.</u>
<u>L'espace pardon.</u>
Ponts vers le futur.

~

Critères de choix de la technique régressive.

Premier critère : les comportements.
On utilisera cette porte d'entrée lorsque la personne est trop dans le mental. La personne est spécialiste de son problème, elle y a réfléchi, souvent a beaucoup consulté et beaucoup lu.

> *Il ne sert à rien de faire*
> *plus de ce qui ne marche pas.*

Trois techniques à porte d'entrée comportementale :
Le changement d'histoire de vie.
Le changement d'empreinte.
Le destructeur de décision.
Dans ces trois techniques, nous n'intervenons pas sur l'interprétation de la scène, nous posons les questions :
— *Qu'aurait-il fallu* **qu'il se passe** *pour que les choses se déroulent autrement ?*
— *Comment la scène* **aurait dû se dérouler** *pour que tout se passe bien ?*

Remarque.
Les émotions ne constituent pas un guide pour changer les croyances, elles sont utilisées pour les retrouver.

Deuxième critère : interprétation de la scène d'origine.
Dans **la redécision sur la ligne de temps**, nous allons nous demander quelle interprétation avons eue au moment où la scène traumatique s'est déroulée. Cette interprétation

était le fruit d'une conclusion infantile. Aujourd'hui, avec l'expérience, comment aurait-on pu interpréter différemment cette scène ?

On utilisera également **la redécision sur la ligne de temps** lorsque la personne est trop dans le comportement : refus de réfléchir à ses problèmes. La personne va faire du sport à outrance ou à « monter des murs », faire du travail manuel dès qu'elle a un problème.

Troisième critère : l'intensité des émotions.

Lorsque <u>les émotions sont trop importantes</u>, nous ne sommes pas à même de réfléchir, nous orienterons alors vers : **le changement d'histoire de vie et le changement d'empreinte**. Si <u>l'affect est faible</u>, on choisira la redécision sur la ligne de temps.

Quatrième critère : la capacité d'agir.

Lorsque la personne ne peut pas agir, soit parce qu'elle est **trop jeune**, soit parce qu'elle est en présence d'un **adulte toxique** (parentage inapproprié : alcool, drogue, violence...) on utilisera le **changement d'empreinte**.

Cinquième critère : direction de la responsabilité.

Lorsqu'une personne a tendance à s'hyper responsabiliser, on choisira le **changement d'empreinte**.

Si à l'inverse, la personne a tendance à rendre **les autres responsables** de tout, on se dirigera vers le **changement d'histoire de vie**.

Sixième critère : manque d'information.

La personne ne disposait pas de toutes les informations au moment de la prise de décision. Le destructeur de décision.

~

Techniques non régressives de changement de croyance.

Changer une croyance avec le métamodèle.
Le métamodèle permet de revisiter des croyances qui se sont mises en place notamment avec le quantificateur universel. On utilise le questionnement et le contre-exemple.

Changer une croyance avec l'ancrage spatial.
Cette technique de changement de croyances est intéressante pour les croyances plus récentes qui ne nécessitent pas de retourner dans l'enfance.

Intégration de deux croyances conflictuelles sur la ligne de temps.
Cette technique n'est pas à proprement parler une technique de changement de croyance, elle permet de faire la paix et de faire cohabiter des croyances apparemment inconciliables ?

~

ANNEXE

Ancrages et ancres.

L'ancrage est une technique
qui consiste à poser une ancre.

Dès notre naissance, voire dès notre vie fœtale (un fœtus perçoit les sons à partir du cinquième mois), nous sommes programmés pour réagir aux stimuli.
Nous entendons le cœur de notre maman. Faites entendre le bruit que fait le cœur de l'intérieur tel que l'entend le fœtus (vous trouverez des enregistrements) et vous verrez que le bébé se calmera.
Très tôt, nous sommes sensibles par exemple à la musique.

La réaction réflexe qui découle de l'ancre peut être un processus cognitif... alors que vous n'y pensiez pas, une odeur de sardine vous rappelle vos vacances au Portugal.
La réaction peut se manifester sous forme d'un état interne : une tape sur l'épaule peut produire une sensation de calme.
La réaction peut également être un comportement externe : un enfant qui a été frappé réagit par un geste de protection lorsqu'il entend hurler... même si ça n'est pas contre lui.

~

L'origine de la réaction réflexe d'une personne peut être connue ou inconnue.
Une stagiaire qui depuis longtemps éprouvait une sensation très désagréable chaque fois qu'elle sentait un

Définition d'une ancre.

Une ancre est un stimulus **qui** déclenche de façon automatique une réaction et toujours la même.

Les ancres sont naturelles, nous sommes entourés d'ancres qui nous font réagir de manière automatique... souvent à notre insu.

Nature des ancres.

Les ancres peuvent être **visuelles**.

Les ancres visuelles jouent un rôle dans l'éveil des sensations et des souvenirs. La vue de plats appétissants peut susciter une réponse immédiate, comme la salivation, mais aussi faire remonter des souvenirs de repas familiaux ou même de voyages passés. La personne qui se connecte rapidement à un souvenir en ressent les sensations et les émotions. Alors que ces souvenirs étaient éloignés de la conscience immédiate.

Les ancres auditives.

Une de mes étudiantes, venue en démonstration, m'a raconté qu'un jour alors qu'elle recevait une très mauvaise nouvelle au téléphone, une porte avait claqué.

Elle s'était aperçue par la suite que lorsqu'une porte claquait, elle ressentait une émotion très désagréable.

Voir également ci-dessous les chiens de Pavlov.

~

Les ancres olfactives.
Une simple odeur de sardines grillées peut transporter une personne dans le temps, lui rappelant des expériences passées telles que des vacances au Portugal, alors même que ces souvenirs n'étaient pas présents à son esprit. C'est ce lien puissant entre les sens et la mémoire qui rend les parfums si évocateurs.

Les ancres gustatives.
L'ancre célèbre de Marcel Proust.

(...) je portais à mes lèvres une cuillerée du thé où j'avais laissé s'amollir un morceau de madeleine. Mais à l'instant même où la gorgée mêlée des miettes du gâteau toucha mon palais, je tressaillis, attentif à ce qui se passait d'extraordinaire en moi... Et tout d'un coup le souvenir m'est apparu. Ce goût, c'était celui du petit morceau de madeleine ... ma tante Léonie m'offrait après l'avoir trempé dans son infusion de thé ou de tilleul. La vue de la petite madeleine ne m'avait rien rappelé avant que je n'y eusse goûté... (Extrait : À la recherche du temps perdu de Marcel Proust).

Les ancres kinesthésiques.

Vous avez sans doute remarqué qu'un geste physique peut agir sur votre état d'esprit ou vos émotions. Une poignée de main peut symboliser un accord, une connexion personnelle, une tape sur l'épaule de l'encouragement, un réconfort ou une proximité amicale. Cela souligne l'importance de la communication non verbale dans nos interactions sociales. Ces gestes simples peuvent aider à évoquer des sentiments positifs ou à apaiser l'anxiété, **en associant le geste à des souvenirs ou à des émotions agréables**.

L'ancre kinesthésique est une technique fascinante que nous utilisons en PNL. **C'est une ancre physique** au même titre qu'une poignée de main ou une tape sur l'épaule. Les ancres kinesthésiques sont utilisées pour induire un état émotionnel souhaité (confiance, calme). Elles sont utilisées dans le milieu sportif pour induire du bien-être, de la concentration ou un sentiment de succès...

La PNL utilise également « l'ancrage négatif », il s'agit alors de faire remonter à la surface le souvenir d'un événement désagréable sur lequel nous travaillerons.

Définition d'un ancrage.

L'ancrage est une technique qui consiste à poser une ancre. La PNL a développé des techniques appelées ancrages. La PNL utilise un <u>processus naturel</u> pour **associer <u>volontairement</u> un stimulus externe à un état interne**, de façon à faire revenir le même état interne en réutilisant le même stimulus.

~

Les chiens de Ivan Petrovitch Pavlov (1849-1936).

Un scientifique, Ivan Petrovitch Pavlov (prix Nobel de physiologie et de médecine en 1904) a réalisé de nombreuses expériences sur les réflexes conditionnés.

Il est normal qu'un chien salive lorsqu'on lui présente de la nourriture.

Pavlov va présenter de la nourriture à un chien et en même temps lui faire entendre une sonnette. Secondairement, il fait entendre le son au chien (sans nourriture), celui-ci se met à saliver.

En PNL, nous utilisons en général des ancres kinesthésiques.

Nous exerçons une pression à un endroit que nous avons préalablement convenu après avoir expliqué et demandé l'autorisation à la personne.

L'ancrage est plus efficace lorsqu'il est établi au sommet d'une expérience émotionnelle intense... si vous ancrez en bas de la courbe émotionnelle, vous allez ancrer « du vent ».

Ce point culminant, où les émotions sont particulièrement intenses, va créer une association forte, entre le geste et l'émotion.

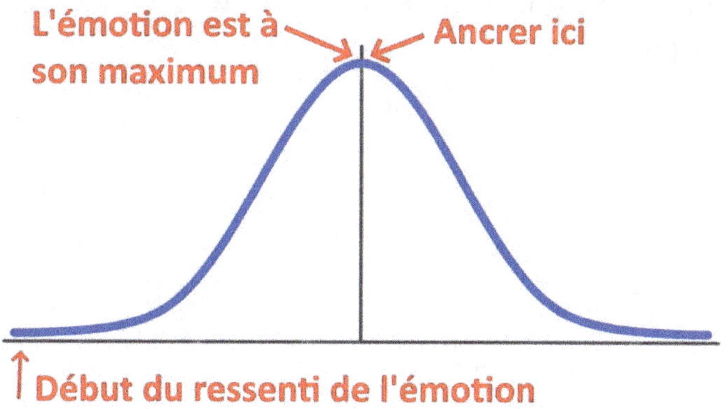

Pour le praticien, cette technique requiert de l'entraînement, de la pratique. Comme tout apprentissage, il nécessite de la répétition.

Pour le sujet, plus il va s'habituer à utiliser les ancres et plus son cerveau sera en mesure de faire ce type d'association. Son cerveau fabrique un nouveau chemin neuronal.

Nous sommes tous différents, chaque personne réagit différemment aux ancrages.

En tant que praticien, une utilisation des différentes techniques d'ancrage permet de s'adapter au patient/client.

~

Conclusion concernant les ancres et l'ancrage.

Les techniques d'ancrage sont des techniques qui consistent à poser des ancres.

La PNL parle d'ancres pour désigner des stimuli qui déclenchent de manière automatique une réaction... toujours la même, lorsque ces ancres sont réactivées.

Les ancres peuvent être visuelles, auditives, kinesthésiques, olfactives et gustatives (madeleine de Marcel Proust).

L'ancre que nous utilisons doit pouvoir se différencier aisément de ce qui se passe dans la vie quotidienne et donc être unique.

~

Le feedback.

Le feedback signifie nourrir (feed) en retour (back).

Si vous décidez de suivre cette formation avec quelques amis.

C'est une technique qui permet de rendre compte à quelqu'un de ce qu'il a fait (comportement et capacité).

Il est très important de préciser que nous sommes dans le faire et non dans l'être (identité), on ne fait aucun commentaire sur la personne elle-même.

C'est un outil sensible en matière de communication, les personnes ne sont pas toujours rassurées lorsque nous leur faisons un compte rendu. C'est évidemment un outil de changement.

Le feedback porte sur des faits observables (voir les trois pôles du fonctionnement humain), on ne juge pas la personne, on ne parle pas de ce qui n'est pas perceptible (états internes, pensées, processus cognitifs).

Le feedback a deux buts majeurs.

<u>Le but premier</u> est de donner de la motivation.

La motivation va permettre à la personne d'avoir confiance en elle et d'agir.

<u>Le deuxième</u> but est de communiquer de l'information.

Le tout pour permettre à la personne de progresser.
Donner de la motivation est l'élément le plus important.
Nous pouvons nous passer d'informations... on ira les chercher.
La motivation est plus difficile à trouver et l'on ne peut pas se passer de motivation.

~

Attention de ne pas démotiver.
Malheureusement trop souvent les feedbacks démotivent la personne même s'ils sont faits avec une bonne intention. Beaucoup de gens commencent par évoquer ce qui ne va pas et ne disent pas ou peu de choses sur ce qui va bien.

La sincérité.
Vous devez dire ce que vous avez vu et entendu. N'inventez pas, et surtout, n'utilisez les superlatifs que s'ils sont justifiés. Vous devez être bienveillant, mais pas complaisant.

~

« L'enfer est pavé de bonnes intentions »
Bernard de Clairvaux (1090 - 1153).
~

Les différentes étapes du feedback.
- Rapport et cadrage.
- Le corps du feedback : les points positifs et les pistes d'amélioration.
- L'appréciation globale.

Le rapport et le cadrage.
Si nous mettons ces deux éléments ensemble, c'est qu'ils sont indissociables.
Le rapport est l'art de créer une relation de qualité.
Le cadrage consiste quant à lui à dire ce qui va se passer, il renforce la sécurité et sera l'occasion de renforcer le rapport. S'il est toujours plus agréable de travailler dans le cadre d'une bonne relation, il se trouve que c'est aussi plus efficace, la personne adoptera une attitude ouverte et sera plus impliquée. Si le rapport est extrêmement important, lors d'un feedback, nous serons bienveillants, mais pas complaisants. Il ne s'agit pas d'inventer des points positifs là où il n'y en a pas, ce qui serait totalement contre-productif... tout est dans la manière.

Une expérience a été réalisée par des psychologues au Canada. On a filmé des enfants qui n'avaient pas eu de bons résultats scolaires et on les a félicités pour leurs résultats. On s'est aperçu que les enfants étaient complètement perdus et avaient des mines déconfites, ils ne comprenaient pas ce qui se passait.

~

Ensuite, il faudra faire **le cadrage** afin que la personne comprenne comment le feedback va se dérouler.

Le cadrage aura pour conséquence de donner de la sécurité. Lorsque nous sommes devant l'inconnu, nous avons toujours un certain niveau de stress (variable selon les personnes). Voici un exemple de début de feedback : Le rapport et le cadrage. Évidemment, tout ceci vous est proposé hors contexte.

Exemple.

Je vais vous donner la phrase brute, ensuite nous l'analyserons.

« Ça va, vous allez <u>bien</u> ? Tout s'est <u>bien</u> passé pour vous ? <u>Si vous le permettez</u>, <u>j'aimerais</u> vous faire un retour sur ce que j'ai observé. Je vais commencer par aborder les points positifs. J'en ai noté beaucoup, et je vais en sélectionner trois, ceux qui me semblent particulièrement importants. Ensuite, je vous <u>proposerai</u> deux pistes d'amélioration. Tout ce que je vais <u>partager</u> est bien évidemment mon point de vue, que je formulerai sous forme d'hypothèses. Vous pourrez ensuite décider si vous souhaitez les intégrer ou non à votre manière de travailler. <u>J'aimerais</u> terminer, <u>si cela vous convient</u>, par une appréciation globale qui résume mon opinion sur l'ensemble. »

Analysons cette phrase.
1) Je rassure la personne.

« Ça va, vous allez bien ? Tout s'est bien passé pour vous ? ». Nous témoignons ainsi de l'attention à la personne, de plus j'utilise le mot bien que je répète deux fois.

Si vous le permettez (<u>demande d'autorisation</u> pour montrer à la personne que nous ne sommes pas dans un rapport autoritaire ou pire d'autoritarisme). <u>J'aimerais</u> (<u>mot positif</u>) vous faire un retour sur ce que j'ai observé (je ne juge pas).

2) Je cadre

<u>En premier</u>, les points positifs.

Je vais commencer par vous donner les points positifs (je commence le cadrage tout en renforçant le rapport), *j'en ai observé beaucoup* (la personne est rassurée sur mes intentions, nous commençons à accroître sa motivation). *Je ne vais pas tous vous les dire, ce qui serait un peu long. Je vais sélectionner trois points positifs, ceux qui me semblent particulièrement importants* (inconsciemment la personne éprouve une certaine fierté, je booste son estime de soi).

En deuxième, les pistes d'amélioration (nous sommes encore dans le cadrage).

Ensuite, je vous proposerai si vous le voulez bien (nouvelle demande d'autorisation) deux pistes d'amélioration (nous ne prononçons pas le mot problème ou erreur... une piste d'amélioration est un futur point positif). Tout ce que je vais vous dire est bien évidemment mon point de vue (subjectif, je ne prétends pas avoir forcément raison), vous verrez si vous pouvez par la suite les intégrer ou non à votre façon de faire (nous n'imposons pas notre point de vue, nous le proposons).

<u>En troisième</u> : l'appréciation globale (nous sommes toujours dans le cadrage).

Je terminerai si vous le voulez bien (<u>nouvelle demande d'autorisation</u>) par une appréciation globale qui est mon point de vue (nous ne prétendons pas tout savoir ni avoir raison) *sur l'ensemble de votre travail »*.

Le rapport/cadrage est terminé. Le rapport sera maintenu tout au long du feedback.

Vous ferez une petite phrase d'introduction :

— Comme je vous l'ai dit, je vais vous proposer les points positifs.

Le "corps" du feedback ».

Les points positifs :

Vous allez commencer par donner les **trois points positifs**. Ils doivent être donnés de manière très factuelle, concrète.

Donnez pour chaque point positif un ou deux exemples de ce que vous avez observé :

— Votre écoute était excellente.

C'est sympathique, mais ne donne aucune information et peut être interprété comme de la "brosse à reluire". Vous direz plutôt :

— Votre écoute était excellente, car je vous ai vu regarder votre interlocuteur, de plus, vous faisiez des signes d'acquiescement, j'ai noté également, vous avez posé trois questions d'intérêt...

— Vous procédez de la même manière pour le deuxième point positif.

— Le troisième point positif est... idem.

Le nombre de points positifs doit être limité à trois même si vous en avez vu beaucoup plus. Trop d'informations tuent l'information. Faites une sélection des points les plus pertinents, vous serez plus impactant.

~

Une phrase de transition.

— Voilà ce que je voulais vous dire concernant les points positifs et encore bravo. Maintenant, si vous le voulez bien je vais vous donner mes deux pistes d'amélioration.

~

Les pistes d'amélioration.

Jamais trois ou plus de pistes d'amélioration, il doit toujours y en avoir moins que de points positifs. Trop de points positifs vont atténuer leur efficacité.

Les pistes d'amélioration doivent être proposées comme des hypothèses :

— Ce que je vais vous dire concernant les pistes d'amélioration est bien évidemment des hypothèses, c'est mon avis.

Vous donnez votre première puis votre deuxième piste d'amélioration.

Si vous n'avez qu'une seule piste d'amélioration, dites-le :

— Bravo, je n'ai trouvé qu'une seule piste d'amélioration.

Si vous n'avez pas trouvé de pistes d'amélioration, ne vous excusez pas comme je le vois parfois, dites simplement :

— Félicitations, c'était tellement bien que je n'ai trouvé aucune piste d'amélioration.

~

Une phrase de transition.

— Maintenant, je vais vous donner mon opinion sur l'ensemble de votre belle prestation...

~

L'appréciation globale.

Elle sera positive, le but premier est de donner de la **motivation**. Souvenez-vous également que vous devez être bienveillant, mais pas complaisant.

Contrairement aux points positifs et aux pistes d'amélioration qui donnent beaucoup de détails, l'appréciation globale, comme son nom l'indique, ne rentre pas dans les détails.

L'appréciation globale, c'est votre sentiment (positif) sur la manière dont les choses se sont déroulées.

Enfin, donnez la parole à la personne.

Faites en sorte de ne pas être interrompu pendant votre feedback... faites-le avec tact et mesure et en maintenant le rapport. Vous pouvez par exemple ajouter pendant le cadrage une phrase comme :
— Si vous le permettez, j'aimerais faire le feedback en un seul tenant et vous donner la parole avec plaisir après le feedback.

<u>Premier cas de figure</u> : la personne a apprécié votre feedback... tout va bien.

<u>Deuxième cas de figure</u>, malgré vos efforts, elle n'est pas d'accord. Ne partez pas dans une argumentation qui sera neuf fois sur dix contre-productive, dites simplement :
— C'est ce que j'ai vu et c'est ce que je voulais vous proposer, vous y réfléchissez si vous en avez envie, je veux bien que nous en reparlions.
Il arrive que des personnes aient besoin d'un peu de temps ou de recevoir plusieurs feedbacks convergents pour envisager de modifier leur façon de faire, et puis, peut-être a-t-elle raison.

~

Quelques difficultés.

- <u>Vous ne trouvez pas de points positifs</u> :
Soit, vous êtes trop exigeant, soit la personne a un problème, un feedback n'est pas un cours.
Il faudra rechercher ce qui dysfonctionne.
Et souvenez-vous, les apprentissages sont progressifs.

- <u>Vous ne trouvez pas de pistes d'amélioration</u> :
C'est que le travail était bon ou que vous avez les mêmes points à améliorer...

Tant mieux si c'était très bon et si vous avez les mêmes pistes d'amélioration, vous le découvrirez lorsque ce sera à votre tour de recevoir un feedback.

- <u>Votre feedback est trop long</u> :
Raccourcissez. Un feedback efficace est relativement court, un feedback pour être efficace doit être percutant.

~

Comment <u>recevoir</u> un feedback ?
- Vous n'êtes pas obligé d'être d'accord avec un feedback que l'on vous a fait. En cas de désaccord, réfléchissez-y, parfois avec le temps, votre opinion peut changer. Ne contredisez pas la personne, elle a voulu vous offrir un cadeau et peut-être a-t-elle raison.
- Si vous êtes irrité, réfléchissez encore plus, car cette irritation cache probablement quelque chose d'important.
- Vérifiez bien s'il y a des feedbacks qui vont dans le même sens.
- Il est toujours intéressant d'avoir l'opinion d'une personne, c'est une occasion d'apprendre.

Exemple.
Un beau cadeau : feedback et confiance en soi.
J'étais en sixième, nous sommes donc des dizaines d'années en arrière. Mon professeur de mathématiques pose une question à la classe. Assez fier de moi, je propose une réponse... (j'étais un bon élève de mathématiques). Il me répond sèchement : « Mauvaise réponse », puis enchaîne : « Quelqu'un a-t-il une bonne réponse ? ». Émotionnellement au troisième sous-sol. Il y avait derrière moi un professeur stagiaire, il m'a tapé sur l'épaule et m'a dit : « Ta réponse était très bonne ». Sa remarque a eu un effet immédiat : ma déception s'est envolée et s'est transformée en fierté... d'autant plus grande

qu'elle suivait une déception, je m'en souviens encore. Je revois, même après tant d'années, le visage de ce stagiaire. La confiance en soi sédimente comme au fond d'une rivière microcouche par microcouche. Merci, monsieur le professeur stagiaire, vous m'avez sans le savoir fait faire un bond en avant.

Récapitulatif du feedback.
Le feedback a deux buts majeurs.
<u>Le but premier</u> est de donner de la motivation.
<u>Le deuxième</u> but est de communiquer de l'information.
Attention de ne pas démotiver.
La sincérité.
<u>Les trois étapes du feedback.</u>
<u>Le rapport et le cadrage.</u>
Rassurer
Cadrer
<u>Le "corps" du feedback.</u>
Les points positifs :
Une phrase de transition.
Les pistes d'amélioration.
Une phrase de transition.
<u>L'appréciation globale.</u>

Donner la parole à la personne.
Quelques difficultés.
Comment recevoir un feedback ?

~

Travail par groupe de 3 : exercice.

Vous avez décidé de travailler par groupe de trois en trouvant deux autres personnes, c'est l'idéal pour s'entraîner à faire les techniques.

A est le sujet. **B** déroule la technique, dans la « vraie vie », c'est le praticien (coach ou thérapeute). **C** fera un retour (feedback).

~

A apporte un sujet.
Il illustre une technique présentée dans cet ouvrage, par exemple l'ancrage de ressource au contexte ou la désactivation d'ancre.

B   applique la technique :
- B suit la technique pas à pas : ayez le livre à la main.
Les questions doivent être posées dans l'ordre donné sur la feuille d'exercice.
- B vérifie l'écologie.
De plus, B utilise l'écoute active, la synchronisation, la calibration.

C, fera un feedback.
C sera attentif au déroulement de l'exercice, il prend des notes et fera un feedback à B.
Rappel de la structure du feedback :
  - Le rapport.
  - Le cadrage.
  - Les points positifs (factuels).
  - Les pistes d'améliorations (hypothèses).
  - L'appréciation générale.
Ensuite, vous tournez : A devient B ; B devient C ; C devient A

~

Conclusion générale.

Nos croyances jouent un rôle déterminant dans notre vie. Elles peuvent rendre notre quotidien plus simple et agir comme de puissants amplificateurs lorsqu'elles sont bénéfiques (**aidantes**). En revanche, lorsqu'elles sont **limitantes**, elles peuvent compliquer notre existence, nous freiner, et même se transformer en un véritable fardeau, tel un bagnard traînant son boulet.

Les expériences passées restent vivantes en nous. Elles nous ont façonnés et ont engendré des croyances sur lesquelles s'appuient nos **décisions**, définissant ainsi nos **règles de comportement**.

Rien n'est figé. Notre cerveau possède cette incroyable capacité de se réparer (partiellement ou totalement), tant physiquement que psychologiquement, capacité que l'on désigne par le terme de **résilience**.

Les techniques régressives, ainsi que d'autres méthodes proposées dans cet ouvrage nous permettent **de revisiter notre passé et d'opérer des changements** dans notre vie. Elles permettent de faire la paix avec soi-même, en se libérant des ressassements, des rancœurs et autres rancunes. Réparer son passé pour vivre bien son présent et donner toutes ses chances à notre avenir (Inspiré d'une phrase d'Aragon dans le fou d'Elsa).

Il y a ce qui nous arrive et la façon dont nous réagissons à ce qui nous arrive.
C'est exactement ce que cet ouvrage met en avant.

L'objectif n'est ni de nier, ni de minimiser et encore moins d'oublier ce qui nous est arrivé. Je ne me contente pas de vous proposer de comprendre les mécanismes qui ont contribué à faire de vous ce que vous êtes, ce qui serait compliqué puisque nous sommes multiples (voir modèle des parties dans le livre : Formation PNL niveau II). Ne recherchez pas le tronc d'arbre censé être le SOI. Voyez-vous plutôt comme un arbre avec des branches qui communiquent entre elles par le tronc, il y a une branche ami, une branche famille, une branche professionnelle...), il y a les racines (le passé qui vous nourrit), le feuillage (le présent) qui change tout le temps...

La PNL insiste sur la contextualisation. Le sens que vous donnez aux évènements de votre vie est fonction du contexte.

Je vous invite à agir concrètement grâce à des méthodes éprouvées, que l'on retrouve sous diverses formes dans d'autres disciplines en dehors de la PNL.

La spécificité et l'efficacité de la PNL résident dans les protocoles que je vous encourage à suivre de manière progressive, étape par étape.

Plus vous maîtriserez les outils de la programmation neuro-linguistique, plus vous serez en mesure d'interagir avec aisance et fluidité en mode conversationnel.

~

FIN

DU MÊME AUTEUR.

1° Formation à la PNL niveau I : La relation et le changement.

2° Formation à la PNL niveau II : La gestion des émotions.

3° Formation à la PNL niveau III : Réparer son passé avec la PNL.

4° Formation à la PNL niveau IV : Le projet de vie.

5° Hypnose ericksonienne, hypnose elmanienne et nouvelle hypnose (620 pages).

6° Rester jeune et même rajeunir et rester en bonne santé (551 pages).

7° Perdez du poids sans jamais en reprendre avec la nutrition et le mental.

8° Un roman : SOLEME

9° Développez votre estime et votre confiance en vous. La clé de votre épanouissement.

10° L'art de la communication, au cœur de la relation, au cœur d'une vie heureuse.

11° La sérénité enfin retrouvée pour une relation enfant/parents apaisée.

12° Stop à l'insomnie. Les troubles, les causes, les solutions.

Pour vous procurer facilement les livres, utilisez le **QR code**.

~

Accès au site : www.robert-larsonneur.fr

I - FORMATION PNL NIVEAU I.
LA COMMUNICATION ET LE CHANGEMENT.

Transformez votre manière de communiquer, maîtrisez le changement. On ne peut pas ne pas communiquer, tout comme on ne peut pas ne pas changer... alors, agissez de manière éclairée. Souvenez-vous, agir de façon aléatoire produit invariablement des résultats aléatoires.

Pour commander le livre.

Ce livre est un guide précieux pour développer une communication efficace et harmonieuse autant au niveau personnel qu'au niveau professionnel, que vous soyez novice ou aguerri. Imaginez que vous puissiez communiquer avec facilité et aisance grâce à des procédures préétablies. Nos plus grands bonheurs et nos plus grandes difficultés sont liés à la relation humaine.

Dès notre naissance, nous changeons... au gré des événements. Un bateau sans gouvernail avancera au gré du vent et des courants. Ce livre vous aidera à maintenir un cap, à prendre en main votre vie, à aller là où vous avez envie d'aller, en fonction de qui vous êtes... un nouvel élan.

II - FORMATION PNL NIVEAU II.

Gestion des émotions - conflits internes.

Savoir gérer ses émotions est un atout inestimable qui transformera votre vie. Pensez aux occasions manquées en raison d'émotions gênantes. Imaginez pouvoir prendre la parole en public, en projetant la bonne émotion au moment adéquat, tout en écartant le stress néfaste qui affecte tant de personnes.

Pour commander le livre.

Ce livre a pour but de vous fournir des outils concrets pour « respirer émotionnellement » et <u>développer votre intelligence émotionnelle</u>. Les techniques y sont expliquées en détail pas après pas et illustrées par des exemples réels. Les <u>techniques d'ancrage</u>, utilisées par des professionnels de la politique, des affaires, du spectacle et du sport, sont des processus naturels que vous apprendrez à maîtriser. Modifier les <u>sous-modalités</u> est ce que nous faisons souvent à notre insu qu'il s'agisse d'assombrir ou d'embellir un souvenir. <u>Nos conflits internes</u> nous font mal certaines situations, et plus grave encore, nous entravent dans nos actions, engendrent souvent l'indécision et parfois même provoquent une paralysie.

Ce livre traite également, <u>avec la double dissociation</u>, les <u>émotions intenses</u>, notamment celles qui surviennent dans des cas de <u>phobie</u> ou de <u>traumatisme</u>. D'autres techniques, telles que la <u>simple dissociation</u> et la <u>désactivation d'ancres</u>, sont également explorées en profondeur.

~

III - FORMATION PNL NIVEAU III.
Réparer son passé avec la PNL.

Nos croyances jouent un rôle déterminant dans notre vie. Elles rendent notre quotidien plus simple et sont de puissants amplificateurs **lorsqu'elles sont bénéfiques**. En revanche, lorsqu'elles sont **limitantes**, elles deviennent un véritable fardeau que nous traînons comme un bagnard traîne son boulet

Les techniques régressives permettent de réparer notre passé pour aller de l'avant, c'est aussi la voie royale pour changer des croyances parfois très anciennes. **Des techniques non régressives** sont abordées pour changer les croyances néfastes plus récentes. Enfin, **la technique du pardon** est décrite en détail pour se libérer des ressentiments, rancunes et rancœurs qui empoisonnent parfois l'exitance.

Toutes les techniques sont abordées de **manière très détaillée** pour avancer **pas à pas** avec des exemples concrets.

~

IV — HYPNOSE ERICKSONIENNE, ELMANIENNE et NOUVELLE HYPNOSE.

Hypnose ericksonienne
Hypnose elmanienne
Nouvelle hypnose
Les trois grands courants de l'hypnose.
PLUS, l'autohypnose et l'hypnose conversationnelle

Pour commander, scanner le QR code avec l'appareil photo de votre smartphone.
Un livre de 620 pages...

POUR ACCÉDER AU
SOMMAIRE DU LIVRE

DESCRIPTION :

Les trois grands mouvements de l'hypnose sont abordés en détail ainsi que l'AUTOHYPNOSE et l'HYPNOSE CONVERSATIONNELLE dans ce livre qui dépasse les 600 pages. C'est assurément un livre de référence. De nombreux SCRIPTS sont proposés avec une multitude d'exemples concrets. La séance d'hypnose est décrite point par point. Une partie importante est consacrée aux suggestions avec des exemples parlant. En prime, la méthode Coué fait l'objet d'un chapitre. Les neurosciences enrichissent ce livre et font le lien avec l'hypnose de demain.

Les sujets importants sont abordés de façon très détaillée :
• Arrêt du TABAC.
• Traitement de la DOULEUR.
• Traitement du SURPOIDS.
• L'insomnie.
• L'ESTIME de soi et la CONFIANCE en soi.
• L'hypnose chez l'ENFANT.
• Les PHOBIES.
• Les techniques RÉGRESSIVES.

~

Ne confondez pas l'âge civil et l'âge biologique.
Vous ne pouvez pas changer l'année de votre naissance, mais vous pouvez rajeunir biologiquement et en tout cas vieillir lentement.

Livre : Rester jeune et même rajeunir et en bonne santé. **551 pages**
Le QR **pour commander**.

QR code pour accéder au **SOMMAIRE**

Au même âge civil, certaines personnes paraissent plus jeunes, d'autres plus âgées.
Ce qui compte, c'est votre **ÂGE BIOLOGIQUE**.
Ce livre aborde **l'ensemble des sujets** et vous donne **des milliers de conseils** pour l'allongement de la vie **EN BONNE SANTÉ**.

Ce livre vous dit : comment bien dormir, comment lutter contre la sédentarité, comment bien se nourrir, l'importance de la relation humaine... Il vous parle des toxiques et de leur influence sur la qualité de vie : le tabac, l'alcool, le stress.

Je vous parle de l'avenir sur la longévité en bonne santé : la génétique, le rôle de l'acide hyaluronique... et 32 autres sujets passionnants.

La science nous apporte dans des délais très courts des possibilités extraordinaires d'allongement de la vie en bonne santé. En attendant, il faut tenir.

~

Un roman : SOLEME
(Thriller romantique).

Pour commander.

De rebondissement en rebondissement, un roman haletant où se mêlent amours, amitiés, assassinats, complots et drames. Soleme et Raphaël se rencontrent dans un train. Quoi de plus banal… en apparence ? Vraie rencontre, ou machination ? Quel est le drame qui a créé Soleme cette femme hors norme ? Des personnages atypiques, calculateurs, machiavéliques agissant dans l'ombre vont s'aimer, se haïr, se tolérer, des destins brisés. L'amour et l'amitié vont-ils survivre à tous ces pièges tendus, à ces désirs de vengeance démesurée. Un combat sans merci va opposer une puissante mafia, un groupe de mercenaires et un brillant hacker meurtri et fou. Un roman qui vous fera voyager aux quatre coins du monde.

V — ESTIME DE SOI ET CONFIANCE EN SOI.
ÉPANOUISSEMENT PERSONNEL.

Ce livre est un aboutissement.
Je l'ai rêvé et écrit pour vous.
Après une enfance de galères et destructrice qui s'est poursuivie bien au-delà, j'ai travaillé encore et encore à l'estime de soi, la confiance en soi et enfin l'épanouissement personnel.

Pour commander, scanner le QR code avec l'appareil photo de votre smartphone

Ce livre vous donne des outils concrets qui s'appuient sur la PNL (Programmation Neuro-Linguistique), l'hypnose, l'analyse transactionnelle, les neurosciences, la psychopathologie (pour vous protéger). J'ai enseigné toutes ces matières dans mes centres de formation. J'aborde les sujets point par point comme on construit une maison brique après brique. Je vous propose des exercices pour que de manière naturelle vous retrouviez votre propre chemin, celui qui correspond à votre propre personnalité. Ce n'est pas seulement un livre de réparation d'éventuels traumatismes, c'est un livre pour atteindre toutes ses potentialités… aller au-delà.

VI — L'ART DE LA COMMUNICATION AU CŒUR DE LA RELATION, AU CŒUR D'UNE VIE HEUREUSE.

Ce livre est une vraie baguette magique pour ceux qui souhaitent établir de bonnes relations avec les autres.

Nos plus grandes joies et nos plus grandes difficultés, voire malheurs, viennent de la relation humaine. Bien communiquer, un atout extraordinaire au niveau personnel (couple, famille, amis...) et professionnel (collègues de travail, supérieurs hiérarchiques).

QR code pour **commander.**

QR code pour accéder au **sommaire** du livre.

Les plus grandes techniques de communication développées depuis plus d'un siècle par des chercheurs de génie. : PNL, Analyse transactionnelle, hypnose conversationnelle, communication non violente. L'auteur a enseigné toutes les disciplines dans son centre de formation en plus de la psychopathologie et des neurosciences. Vous pourrez également apprendre à repérer les PERSONNES TOXIQUES et vous en protéger. Enfin, grâce à une meilleure communication, vous verrez votre charisme et votre leadership augmenter.

« **Perdez du poids sans jamais en reprendre** » est un ouvrage qui prend en compte l'alimentation, la nutrition et le MENTAL.

QR code pour **commander.**

Le MENTAL demeure le point faible majeur, celui qui empêche d'atteindre ses objectifs et celui qui fait rechuter. MENTAL, NUTRITION ET ALIMENTATION constituent une association incontournable. Le docteur Larsonneur insiste sur l'exercice physique, non pas le sport... mais la non-sédentarité. Nous rencontrons aujourd'hui du fait du travail sur les ordinateurs et les séries télévisées l'apparition d'un FLÉAU : LA SÉDENTARITÉ. Nous en arrivons aujourd'hui à rencontrer des SPORTIFS SÉDENTAIRES : plus de 7 heures par jours assis et du sport le week-end. L'être humain n'est pas génétiquement programmé pour passer autant de temps assis : le « **too much sitting** ».
La sédentarité est une calamité. Marcher un peu chaque jour vous sauvera la vie.

VIII — LA SÉRÉNITÉ ENFIN RETROUVÉE
LA RELATION ENFANTS/PARENTS APAISÉE

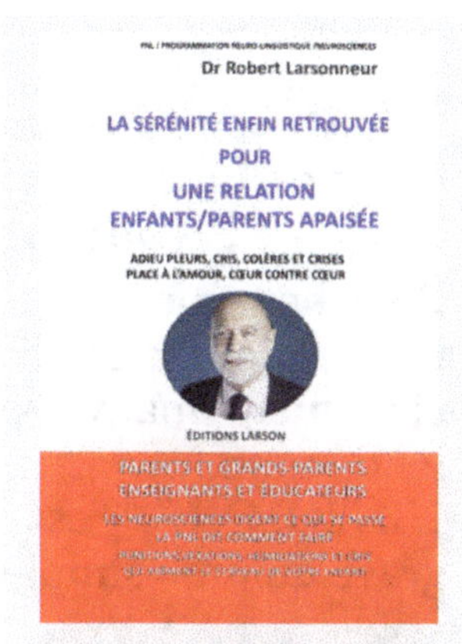

Pleurs, cris, crises parfois cataclysmiques, l'enfant met les nerfs des parents démunis à fleur de peau. Ce livre aborde le pourquoi et **surtout le « comment s'y prendre »**.

QR code pour **commander.**

Pendant des milliers d'années, les enfants ont été élevés sans que nous ne sachions rien sur leur cerveau. Le cerveau des enfants est immature. Dès la naissance, l'enfant en souffrance subit ses émotions sans aucun contrôle possible... faute de connexions neuronales. Les parents souvent excédés, sans le savoir, mettent de « l'huile » sur le feu émotionnel que vit l'enfant. **Des explications simples, des solutions concrètes faciles à appliquer.** À la lumière des découvertes les plus récentes, c'est une révolution qui se met en place en matière d'éducation. Soyez les premiers à en bénéficier.

~

IX — STOP À L'INSOMNIE, LES TROUBLES… LES CAUSES… LES SOLUTIONS.

Stop à l'insomnie… les troubles, les causes, les solutions.

Pour beaucoup de gens, l'insomnie est une source d'inconfort avec à la clé une mauvaise journée le lendemain.
L'INSOMNIE, c'est beaucoup plus grave qu'un « simple » inconfort.

Pour commander

QR code pour accéder au **SOMMAIRE** DU LIVRE.

Le sommeil est la clé de voûte de la santé, bien avant l'alimentation et l'activité. Après avoir décrit ce qu'est le sommeil et son importance, ce livre s'attache à donner une multitude de solutions qui peuvent s'ajouter les unes aux autres. Un guide va vous aider point par point à mettre en place les solutions pour vous conduire à un sommeil de qualité.

~

X — FORMATION/COACHING/HYPNOSE.

J'organise des formations en PNL, en hypnose et sur divers autres sujets. J'accompagne également des personnes en hypnose et en coaching.
Pour plus d'informations scanner le QR code :

~

XI — RETROUVEZ-MOI SUR YOUTUBE

XII — RETROUVEZ-MOI SUR INSTAGRAM, LINKEDIN, FACEBOOK.

XIII — INSCRIVEZ-VOUS À LA NEWSLETTER.

Inscription.
Il vous suffit de noter votre adresse mail.

XIV — FORMATIONS VIDÉO EN LIGNE.

Formations VIDÉO en ligne (VIVOVOJO).
Docteur Robert Larsonneur et Noémie Kleiber.
ENSEIGNANTS EN HYPNOSE.

Formation : Praticien en hypnose.

• 33 vidéos en qualité HD.
• 33 documents pédagogiques.

Pour commander
La formation
Praticien en hypnose

Nous ne commercialisons pas ces formations.
Nous avons réalisé ces formations. Elles ont été admirablement filmées par Vivovojo qui les commercialise.

Pour accéder au site du
Dr Robert Larsonneur

www.ingramcontent.com/pod-product-compliance
Lightning Source LLC
LaVergne TN
LVHW021131200726
843510LV00001B/49